汉语学习词典放置类肢体动作动词释义研究

冯海丹　著

中国原子能出版社

图书在版编目（CIP）数据

汉语学习词典放置类肢体动作动词释义研究 / 冯海丹著. -- 北京：中国原子能出版社，2024. 12.

ISBN 978-7-5221-3909-8

Ⅰ. H195.3

中国国家版本馆 CIP 数据核字第 2024XD2905 号

汉语学习词典放置类肢体动作动词释义研究

出版发行	中国原子能出版社（北京市海淀区阜成路 43 号　100048）
责任编辑	白皎玮　陈佳艺
装帧设计	邢　锐
责任校对	刘　铭
责任印制	赵　明
印　　刷	炫彩（天津）印刷有限责任公司
经　　销	全国新华书店
开　　本	787 mm×1092 mm　1/16
印　　张	13.25
字　　数	200 千字
版　　次	2024 年 12 月第 1 版　2024 年 12 月第 1 次印刷
书　　号	ISBN 978-7-5221-3909-8　　　定　价　92.00 元

前　言

汉语学习词典作为对外汉语教学中的三大支柱之一，是推动对外汉语走向国际的重要工具。现有汉语学习词典中放置类动作动词的义项划分和释义描写均存在差异。本书在外向型汉英学习词典视角下，结合已有的汉语学习词典的释义，利用语料库方法对 9 个典型的现代汉语单音节放置类动词的义项分布情况进行详细描写，并运用论元结构、物性结构理论解释义项。同时，注重凸显 9 个词目中放置义位的共性和区别性特征描写，建立"范畴化＋语义凸显"的模型，运用"用＋工具＋把＋［语义特征］的受事＋方式＋放＋介词＋处所，使＋目的/结果"的方式对放置义位进行系统性释义，以期为汉语学习词典该类词的释义编撰或修订提供参考。

第一章综述了现有的放置类动词研究现状、放置类动词语义演变和释义研究现状和汉语学习词典问题研究现状，阐明了本书的选题的研究背景、意义和目的、理论基础和研究方法。

第二章至第七章通过建立平衡语料库，结合论元结构、物性结构和意象图示理论，对 9 个典型的现代汉语单音节放置类肢体动作动词的义项进行了重新划分、描写和衍生关联分析，同时尝试为各动词中的"放置义位"建立"范畴化＋语义凸显"的释义模型。

第二章系统地介绍了汉英学习词典中放置类动词释义情况，通过历时研究、共时对比、汉外对比，指出现有汉语学习词典中放置类动词义项划分和描写中存在的问题。

第三章至第七章通过建立平衡语料库，在《当代汉语学习词典》已有释义的基础上，结合论元结构和物性结构理论对"放""摆""堆""盖""铺""填""埋""塞"和"插"9个词的动词性义项分布进行了重新划分和描写，归纳出各义项中所关联的典型对象的语义特征，着重凸显区别性特征。同时，尝试创建各义项的意象图示，在认知语言学的指导下探讨和分析各义项之间的衍生关系。

第八章对前述研究分析进行了整理，着重阐明了上述9个动词的放置义位的共性和区别，根据"范畴化+语义凸显"的模型，建议采取"用+工具+把+［语义特征］的受事+方式+放+介词+处所，使+目的/结果"的释义描写方式对该义位进行系统性释义。

目　录

第一章　绪　论

第一节　研究背景

截至 2022 年 6 月，全球共有 180 多个国家和地区开展中文教育，76 个国家将中文纳入国民教育体系，8 万多所各国大中小学、华文学校和培训机构开设中文课程，通过中外合作方式在全球 150 多个国家和地区设立 480 多所孔子学院和 800 多个孔子课堂，中国以外正在学习中文的人数超过 2 500 万，累计学习人数近 2 亿[①]。赫特曼把学习词典定义为"一种面向非母语学习者的教学型词典"。"汉语学习词典"是"面向非本族语的汉语学习者、旨在提高其汉语作为外语的语言能力的积极型词典"，是"对外汉语教学中与教师、教材并列的三大支柱之一"，也是"推动对外汉语走向世界强有力的、具有突破意义的工具"。

放置类肢体动作动词[②]作为人类动作的基本词汇，也是汉语动词中具有特色的一个小类，此类动词"不仅要涉及事件发生的处所成分，还涉及其

[①] 数据来源：中华人民共和国教育部官网 http://www.moe.gov.cn/jyb_xxgk/xxgk_jyta/yuhe/202208/t20220803_650543.html。

[②] 徐峰、张宝胜在研究中将此类动词称之为"置放类动词"，本研究统一表述为"放置类动词"。

他类型的处所成分（物体移动的方向或终点）"。本书以《国际中文教育中文水平等级标准》（2021）词表为词库，以《现代汉语分类词典》（苏新春，2013）中第三级语义层中的"E 放置"类为标准，结合徐峰、张宝胜对现代汉语放置动词的研究，共整理出四个小类个典型的放置类单音节动词作为研究的词目词，见表 1-1。

表 1-1　词目词分类表

分类	词目词[①]
"放""置"	放（一级）、摆（一级）、堆（五级）
"盖""铺"	盖（四级）、铺（六级）
"填""埋"	填（四级）、埋（六级）
"塞""嵌"	插（五级）、塞（六级）

本书拟在外向型汉英学习词典视角下，结合已有的词典释义，利用语料库方法对现代汉语单音节放置类肢体动词中四个小类 9 个代表动词的义项分布情况进行详细描写，同时运用论元结构、物性结构理论解释义项衍生及分布原因，以期为汉语学习词典放置类肢体动作动词释义编撰或修订提供参考。

第二节　研究意义和目的

一、探索语料库技术与汉语学习词典编纂结合的路径和模式

张志毅认为"从人才、理论、辞书文本以及产业规模四方面综合来看，我们离辞书强国还有 50 年左右的距离"，李仕春认为中国词典编纂现状落后的主要原因是"目前英美等辞书强国已经完成了用语料库技术研究英语

---

① 括号内标注的为该词在《国际中文教育中文水平等级标准》（2021）词表中所标注的等级。

常用词义项分布情况的工作……我国汉语类词典的编纂者乃至研究现代汉语词汇的学者还没有大规模地运用语料库技术对汉语常用词的义项进行丰富与补充。"在英语和汉语学习词典对比研究的基础上，研究英语语料库技术与学习词典释义结合的模式，总结其路径和模式，为汉语学习词典的编纂和修订中语料库的应用提供理论参考。

二、将论元结构和物性结构理论相结合，引入人用汉语学习词典的放置类肢体动作动词释义研究中

部分学者认为"论元结构及框架语义学理论解决动词的释义问题，物性结构解决名词的释义问题"，但施春红指出："目前物性结构分析的对象主要是词库中的名词，其实这种观念也可以应用到对动词、形容词属性结构的理解中，进而将构式组构双方的物性结构匹配关系作为立足点，有效描写和解释句法－语义结构中的相关现象。也就是说，论元结构也可以从物性结构的角度来认识。"张苗苗基于论元结构和物性结构互动的研究理念，将动词研究视角与名词研究视角相结合，可以对切割类动词的语义结构做出多层面的语义概括，继而重新审视词典释义，在论元结构和物性结构互动关系的考察中建构可操作的、具有内在一致性的释义模型，充实释义结构中元语言表达的提取和分析，作为词语释义方式的新视角，为释义的模式化和规则化提供编写规范。本书将服务对象设定为以人为中心的词典用户，建立融认知、语法、语义为一体的新型生成词库理论，通过定性与定量结合的方法发现放置类肢体动词的新义项，并利用论元结构、物性结构理论及意象图示理论描写语义结构和探究其间的关联关系，探索建立格式一致的语义角色框架，合理解释词义衍生现象背后的依据和原因，有效补充现有研究的不足，为词典中该此类的义项划分和义项描写提供了科学的理论基础，使其释义更准确、更系统、更科学，提高辞书编纂效率，推动汉语学习词典编纂的理论现代化，同时对于传统语文词典也具有借鉴价值。

第三节　研究综述

放置类动词及其词典释义的研究一直备受学者们的关注，现有研究比较丰富，根据学者们的研究方法和内容，本书将相关研究主要分为以下几类：一是关于放置类动词的研究；二是关于从历时角度开展的放置类动词语义演变和释义研究；三是汉语学习词典问题的研究。

一、放置类动词研究综述

（一）放置类动词定义的研究

《现代汉语词典（第 7 版）》中"放置"的定义为"安放"，即指"使物件处于一定的位置"。

关于放置类动词的定义，汉语研究学界尚未形成统一认识。鲁川、林杏光将"事物主体移动客体空间位置之行动"定义为"搬移"。徐峰把"使物件处于一定的位置"的动词叫作"置放动词"。陈昌来认为"置放动词"是指"挂、放、置放"等表示施事有意识地把某物放置到某处的动词。"处所位置"是这类动词所蕴含的参与者成分，该类动词有三个必有语义成分：施事、受事、位事。李杰把"挂、放、插、摆、堆、塞"类动词称为"'挂'类动词"。高丽结合放置动词的放置过程，提出放置动词是"某人控制某物，通过动作致使该物体移动到某处，并占据一定位置"。

（二）放置类动词的语法语义研究

徐峰指出置放动词的论元语义角色有三个：主体成分、客体成分和与体成分，并分析了置放动词的论元语义角色配置。陈昌来认为放置类动词是三价动作动词，从句法语义属性看，放置性动词不仅要支配动作的发出者施事，动作的承受对象受事，还涉及从概念来看是处所方位的语义成分，同时分析了放置类三价动词的价质、价位、价用。高丽指出放置动词的三个必有论元：施事、受事、位事，进一步得出三个论元共现时的六种句法表现。

程琪龙、梅文胜对放置类动词及其变式之间的对应关系做了探究，以三个使移小句变式为研究范围，将放置类动词归入使移动作动词，通过探索使移动词（投掷类动词、喷洒类动词、装载类动词、放置类动词、结状类动词和脱离类动词）、碰撞动词、部分不及物动词之间的连通关系及其语义理据，得出这些连通关系和感知运动认知系统有密切关系，具体表现在动作动词和变式语义两方面，并构建出简洁的表述形式。程琪龙、乔玉巧在 Beth Levin 对放置动词研究的基础上，以放置事件概念框架为理论支撑，对放置事件及其变式作了进一步的探讨，构建了放置动词的概念语义系统，并表述了放置动词和准入变式之间的语义关系，对以放置事件的使动者为主题的四个变式进行了描写。该类研究为放置类动词的分类、语义分析和句法表现提供了理论支撑，对于放置类动词归类、释义描写、句法结构描写有较强的指导意义。

（三）放置类动词的汉外对比研究

从对比语言学角度看，学者们对汉语放置类动词和其他语言的放置类动词语义、结构、语用等方面的差异进行了探究，例如：梁锦祥（2006）研究了汉语"放"和英语"put"的差异，李燕和曹瑛珠研究了汉语和韩语中的放置类动词的差异，韦氏华研究了汉语动词"放"和越南语动词 DAT 的差异。此类研究对于放置类动词的汉语二语习得教学有积极的意义，通过不同语言之间放置类动词的句法、语用差异，可以有效地解释汉语放置类动词习得中产生的偏误，指定有针对性的语言教学方案。

（四）单音节置放类动词个案的研究

研究者主要针对放置类动词中的典型代表开展个案研究，主要以"放"为主，具体如下。

张慧通过建立小型语料库，对动词"放"的相关语义角色的特点进行分析，将动词"放"的语义角色分为十二小类。常乐以《四世同堂》和《王朔文集》为研究语料，对"放"的语义角色、句法类型和填充类"放"的语义角色、语义特征进行分析。丁家勇、张慧基于语料库工具，考察了"放"所带语义角色的匹配模式，指出放置义动词"放"的语义角色包含受事、处所、施事、范围、与事、方式、工具、结果 8 大类，其中受事、处所、施事出现频率较高，同时指出"放"的"施事、受事、处所"三个语义角色的匹配模式有 10 种，其中频率最高、最典型的配价模式为"施事＋［把］受事＋放＋处所"。

以上研究者们在一定程度上揭示了放置类动词句法、语义等方面的属性，对放置类动词的释义研究有着重要的参考价值。但目前大多研究仅着眼于放置类动词的义词群语义和句法方面，尤其主要关注某几个典型代表，对放置类动词语言信息处理中的应用、释义描写研究和二语教学方面的研究还较为薄弱。

二、历时角度的放置类动词语义演变及释义研究

（一）放置类动词的历时语义演变研究

谢智香对"置""放""安""措"的古今演变进行了研究，指出："置"是上古至中古时期"放置"义的主导词。近代汉语时期，"放"在搭配对象、义域上不断扩大，取代了"置"成为"放置义"的主导词，沿用至今。

王文香考察了上古、中古、近代三个时期的"放置"概念域成员，指出上古时期的成员主要有"置"组、"措"组、"奠""尊""委"等，其中

"置"和"措"是概念域的上位词，但是在使用频率上"置"占绝对优势。中古时期，"放置"概念域成员的重要变化是"著"的大量使用，使用频率成为最高，同时，"安"也成了常用的成员。近代汉语是"放置"概念域发展的关键时期，"放""搁"发展迅速，至迟到元代，"放"在北方话文献中已占据绝对优势，成为概念域主导词，并一直活跃在现代汉语中；"置"语素化为构词语素。

张延成、孙婉在《中古汉语动词"放"构式及事件研究》中运用构式语法、事件语义学等理论对中古汉语动词"放"的语料进行构式分析，将中古汉语动词"放"的三个义项归为三个事件：释放事件（起始阶段）、放纵事件（持续阶段）、放置事件（终结阶段）。

通过上述分析，我们基本了解了"放置"类动词从上古到现代汉语的发展演变历程，作为"放置"类动词典型代表的"放"是中古时期以后才演变出"放置"义，到近代汉语成为概念域的主导词。对于了解和分析相关词语的词义演变提供了重要的参考价值。

（二）放置类动词释义的历时研究

"词典（包括字典，全文同）一般都是在继承前代及先出词典的成果的基础上编成的。这在词典的释义中也有明显的表现。后代辞书吸收前代辞书的释义成果，使立义有历史的、语言的根据，义项汇集更加丰富。"为了清晰地反映出放置类动词释义情况的发展和演变，以《说文解字》（许慎（汉），2005，以下简称《说文》）、《汉语大词典》（罗竹风，1986，以下简称《汉大》）和《现代汉语词典》（第7版）（社科院词典编辑室，2016，以下简称《现汉》）三部词典中的相关释义作为语料，分析放置类肢体动作动词释义的历时发展演变。以汉语中"放""摆""堆""搁""置""盖""捂""铺""摊""堵""填""埋""葬""插""塞""栽""镶"17个典型的单音节放置动词为例，对该类词语的释义分析和描写进行系统性的分析和研究。

7

按照释义的长短和表现形式，主要将释义方式分为以词释词和描述性话语释义。其中以词释词释义包括同义词释义和反义词释义，描述性话语释义包括"主训词＋义值差"式①和句子式②。

1.《说文》中放置类单音节肢体动作动词释义

《说文》中仅收录了"插""放""塞""填"4 个词目词的动词性义项，共有动词性义项 4 个，其中以词释词义项数为 3 个，75%；描述性话语释义义项数 1 个，占 25%。以词释词全部采用同义词释义的方式。如："放，逐也"。采用了"主训词＋义值差"式的描述性话语释义的是"插，刺肉也"③，限定了动作的方向。

2.《汉大》中放置类单音节肢体动作动词释义

9 个词目词均被《汉大》收录，共有动词性义项 80 个，其中以词释词义项数 66 个，占 82.5%；描述性话语释义义项数 14 个，占 17.5%。

释义方式在形式上包括同义词释义，主训词＋义值差式释义、短语释义和句子式释义。以义项数最多的"放"为例。"放"共 32 个动词性义项，具体如下。

①驱逐；流放。②舍弃；废置。③免去。④放纵；放荡。⑤散失；散落。⑥散放；释放。⑦指遣散。⑧放牧。⑨放下；搁置。⑩安放；安置；安排。⑪旧时指朝廷官员或京官调任外省。⑫开，行驶。⑬发遣；发射。⑭施与；发放。⑮绽放，绽开。⑯点燃。⑰公布。⑱为收取利息而借钱给人。⑲扩展，放大。⑳施展。㉑显露，显现。㉒散布；传播。㉓指散发。㉔使；令。㉕有，具有。㉖断丧；丧失。㉗从事；担任。㉘要求对方采取某种态度。㉙指放手让广大人民群众发表意见。㉚弄到；弄翻。㉛加进去。㉜（通"妨"）妨害。

---

① "主训词＋义值差"这个概念是由王宁先生提出的，"主训词"是指与被释词同义的词或上位词，"义值差"表现为被释词特有的属性，其主要作用是补充和限制意义。

② 句子式释义就是用较多的语句对被释词所表示的事物状态或行为动作加以描述和说明。

③ 根据《国语大辞典》解释："内各本作肉，今正。内者，入也。刺内者，刺入也。"

其中义项③、⑦、⑧、⑯、⑰、⑳、㉓和㉜这 8 个义项采用的是单个同义词释义的方式；义项①、②、④、⑤、⑥、⑨、⑩、⑫、⑬、⑭、⑮、⑲、㉑、㉒、㉔、㉕、㉖、㉗和㉚这 19 个义项采用的是二三词组合释义；义项㉛采用的是"主训词＋义值差"的释义方式，限定了动作的运动方向；义项⑪、⑱、㉘、㉙这 4 个义项采用的是句子式释义，分别解释了该动词性义项的历史背景、目的、对象、特定领域。

3.《现汉》中放置类单音节肢体动作动词释义

9 个词目词均被《现汉》收录，共有动词性义项 41 个，其中以词释词义项数 19 个，占 46.34%；描述性话语释义义项数 22 个，占 53.66%。

释义方式在形式上包括同义词释义，二三词组合释义、"主训词＋义值差"式释义、短语释义和句子式释义。以义项数最多的"放"为例，有以下义项。

①解除约束，使自由。②在一定时间停止（学习、工作）。③放纵。④让牛羊等在草地上吃草和活动。⑤把人驱逐到边远的地方。⑥发出。⑦播送；放映。⑧借钱给人，收取利息。⑨把钱或物资发给（需要的人）。⑩点燃。⑪扩展。⑫（花）开。⑬搁置。⑭弄倒。⑮使处于一定的位置。⑯加进去。⑰控制自己的行动，采取某种态度，达到某种分寸。

其中义项③、⑩、⑪、⑬这 4 个义项采用的同义对释的方式；义项⑦采用的是二三词组合释义；义项⑥、⑫、⑭、⑯采用的"主训词＋义值差"式释义的方式，⑥和⑯限制动作的运动方向，⑫限制动作的发出者，⑭限制动作的结果；义项①采用短语释义方式；义项②、④、⑤、⑧、⑨、⑮、⑰这 7 个义项采用句子式释义的方式分别解释了该动词性义项的时间、对象、场所、目的地、位置、方式等。

汉语本族词典中，词目词释义数、释义精细度及释义方式对比分别如表 1-2 至表 1-4 所示。

表 1-2   汉语本族语词典中词目词释义统计表
——以《说文》《汉大》《现汉》为例

词目词	《说文》		《汉大》		《现汉》	
	描述性话语释义	义项总数	描述性话语释义	义项总数	描述性话语释义	义项总数
摆	0	0	1	11	0	4
插	1	1	0	4	2	2
堆	0	0	1	2	1	2
放	0	1	3	32	8	17
盖	0	0	2	6	2	3
埋	0	0	3	5	6	8
铺	0	0	0	6	1	1
塞	0	1	2	9	1	1
填	0	1	2	5	1	3
总计	1	4	14	80	22	41

综上研究，从义项精细度和释义方面，可以看出汉语本族语词典在肢体动作动词释义方面的一些发展演变。

表 1-3   汉语本族语词典中词目词释义精细度表
——以《说文》《汉大》《现汉》为例

词典	词目词/个	义项/个	义项精细度
《说文》	4	4	1
《汉大》	9	80	8.89
《现汉》（第 7 版）	9	41	4.56

从义项精细度方面来看，《汉大》的义项数远远超过《现汉》和《说文》。《说文》作为我国第一部集分析字形、说解字义、辨识声读的字书，它在收字立目等多个方面具有开创之功，对后世辞书编纂产生了巨大而深远的影响，虽然其义项精细度较低，但是它从侧面反映出 1800 年以前个别放置类肢体动作动词就已经出现了多个义项，讨论该类词动词性义项源流和发展演变有较高的价值。《汉大》作为一部大型的、历时性的汉语语文词典，编辑方针是"古今兼收，源流并重"，所收条目都力求义项完备，所以其义项

精细度较高。《现汉》作为新中国第一部规范性语文词典，其宗旨是为推广普通话，促进汉语规范化服务，因此对于义项的收录有所挑选。

表 1-4 汉语本族语词典中词目词释义方式对比表
——以《说文》《汉大》《现汉》为例

释义方式	《说文》	《汉大》	《现汉》
以词释词义项占比	75%	82.5%	46.34%
描述性话语释义义项占比	25%	17.5%	53.66%

从释义方式来看，三部词典的差异可以看出描述性话语释义的方式比重不断增加。《说文》主要通过以词释词，尤其是同义词对释的方式进行释义；《汉大》的释义虽然还是以词释词为主，但除采用同义词对释外，更多的是采用了二三词组合释义的方式；《现汉》中则以描述性话语释义方式为一半，采用这种方式能为词典使用者正确规范地使用词语提供尽可能多的帮助。

三、汉语学习词典问题研究

汉语学习词典历经五十余年的发展也小有规模，出版形势大好，针对汉语学习词典的研究得到了研究者们的关注。以"外向型＋汉语词典"或"对外汉语＋学习词典"为主题在 CNKI 中进行检索，得到相关研究文献 442 篇[①]。研究者们从词典史研究、类型研究、结构研究、批评研究、使用研究、规划研究、编纂技术和理论研究 7 个维度对汉语学习词典展开了研究，这些研究也充分吸收融合了先进的语言学理论和观点，为汉语学习词典的释义提供了较强的理论支撑。但较为遗憾的是理论与编纂实践并未较好地融为一体，导致了目前汉语学习词典的发展现状并不甚理想，诚如蔡永强指出的"目前这些词典真正具有原创性、创新性的并不多见，倒是不乏一些抄袭、变相抄袭的侵权制作，或是模仿、杂凑毫无新意的重复制作，基本

---

① 检索时间为 2021 年 10 月 27 日。

上都是《新华字典》和《现汉》的删减本，没有真正从外国学生学习汉语的角度来考虑编写"。汉语学习词典的世界影响力完全无法与汉语全球应用力相匹配。

研究者们指出汉语学习词典主要存在以下三个方面的问题。

一从编纂理念上看，未清晰意识到汉语学习词典与一般语文词典的本质区别，具有严重的"内汉"痕迹。章宜华将《现学》《汉语常用词用法词典》（简称《用法词典》）、《商务馆学》与《现汉》的释义进行比对，发现《用法词典》与《现汉》完全相同的释义数量最多，为 18 个；其次是《现汉学习》，为 11 个；《学汉语》，为 3 个。释义相似数量最多的是《现汉学习》，为 15 个，其次是《学汉语》，为 14 个；《用法词典》，为 8 个。他还随机抽取了《现汉学习》两个字头，对比发现，在"举"字头下的 11 个词条中，与《现汉》释义完全一样的有 5 条，基本一样的有 4 条，两者相加占释义总数的 81.82%；在"客"字头下的 18 个词条中，完全相同的 9 条，基本相同的 4 条，两者相加占释义总数的 72.22%。康婧在《〈商务馆学汉语词典〉和〈现汉〉（第 5 版）借代义对比与研究》一文中指出《商务馆学汉语词典》大部分借代义的收录和释义处理与《现汉》（第 5 版）一致。

二从编纂情况来看，体系还不成熟。于屏方指出，从目前的编纂现状来看汉语学习词典"其目标用户主要是具有初、中级汉语水平的外国汉语学习者，基本上都是中小型词典，面向高阶学习者的外向型单语学习词典尚未出现，与单语学习词典以及英汉双解型词典大、中、小型词典体系的完整性形成了鲜明的对照，这也暴露了我国学习词典编纂在体系性方面存在的问题。"另外，从继承性角度来看，汉语学习词典的编纂通常是另起炉灶，自立门户，对前期汉语学习词典的优点较少有继承，且大部分汉语学习词典自出版后就从未修订过。

三从用户角度来看，国内出版的外汉词典与学习者的学习需求不相符。章宜华（2010）对暨南大学华文学院的 29 名对外汉语教师和 128 名来自不同国家的留学生进行了使用汉语学习词典的系统调查。结果表明国内出版的汉语词典只有 6.8%的留学生拥有；93.2%的外国留学生不购买国内出版的汉语学习词典；40.18%的留学生不知道这些词典的存在。其他研究者们国别性的调查也印证了汉语学习词典知名度低、使用率低的事实，如李秀翠（2016）、李茜如（2017）、李明丽（2018）、段云晓（2018）、蔡雨媛（2018）等对泰国留学生的调查，周雪（2016）、于晓霜（2017）对韩国留学生的调查，周涵（2017）对德国留学生的调查，杜氏清顺（2016、2017）对越南留学生等的调查等。

综上，大部分研究者对汉语学习词典的现状并不满意，认为当前的汉语学习词典无法满足学习者的学习需求，与我国汉语国际教育发展的要求不匹配。

虽然出版形势大好，但研究者们发现留学生中使用中国出版的汉语学习词典的人数所占比例小。究其原因，诚如蔡永强指出的"目前这些词典真正具有原创性、创新性的并不多见，倒是不乏一些抄袭、变相抄袭的侵权之作，或是模仿、杂凑毫无新意的重复之作，基本上都是《新华字典》和《现汉》的删减本，没有真正从外国学生学习汉语的角度来考虑编写。"对于汉语学习词典的批评较为严厉，切中要害。

第四节　研究理论基础

一、生词词库理论

生成词库理论（Generative Lexicon Theory，GLT）的正式形成是以 1995 年普斯特洛夫斯基所著《生成词库论》（*The Generative Lexicon*）一书的出版为标志的。该理论主张词汇学不仅要研究词语指谓什么，还要研究词语如何指谓，其追求的目标就是：通过对词语的语义结构做多层面的、更详尽的描写，以及对数量有限的、捕捉词语呈现无数语境义的机制的建构来解释词义的生成。生成词库的理论框架包括语义类型系统和语义运作系统。在语义类型系统中，将语义更详细的说明分为四个层次：论元结构（argument structure，ARGSTR）、物性结构（Qualia structure，QUALIA）、事件结构（event structure，EVENTSTR）和词汇承继结构（lexical inheritance structure）。生成词库理论关注词项搭配之间的关系，围绕词项设置了论元结构、事件结构、物性结构、词汇继承结构四种语义表达平面，解决"词怎样能够在不同的语境中具有不同的意义、新的义项怎样能够在组合时浮现出来、语义类型怎样可预测地映射到语言的句法形式上"等重大问题。

1. 论元结构理论与动词释义研究

学者们论证了将论元结构应用于动词释义中的可行性和有效性，例如，章宜华指出："通过论元结构把被释义词的句法、语义和使用搭配成分都在一个平台上表征出来，既有释义的抽象性、原型性，又有语用的具体性，加上 200 多个各种用法实例把被释义词的语义潜势系统地表征出来，这为语言学习或教学，以及词典编纂者提供了很好的、可靠的建设性参考信息。"高明乐也认为"因为动词的句法和语义特征是构成论元结构表达式的主要元素，所以，论元结构也可以被看作是谓词词条释义的一个重要组成部分。"同时，学者们还结合某（类）动词展开了案例研究，例如，文马虹、李仕春运用论元结构等理论对"吃"义项衍生的原因进行了解释；李仕春运用论元结构理论分析了"看"的抽象义项的形成原因。

2. 物性结构理论与名词释义研究

部分学者也论证了将物性结构理论应用于名词释义中的可行性和有效性，例如，魏雪、袁毓林利用物性结构解决网络中名名组合的自动释义问题，构建了名名组合的释义模板，建立了释义模板库，其自动释义的准确率达 94.23%。李强、袁毓林运用物性结构理论以"动名定中式"和"名名定中式"为例对复合名词的结构描述和概念解释进行简化，并且从物性角色和语义类型的角度检视名词词典释义，发现其中存在不准确性和不完备性。同时，学者们也结合某（类）名词展开的案例研究，例如，李芳棋在《基于生成词库论的现代汉语动物词义项分布研究》中运用物性结构理论对动物词释义中各物性角色的排序进行了规范和优化。

二、认知语言学理论

于屏方在《动作义位释义的框架模式研究》中认为："动作义位的释义同样受到认知框架和语义框架的双重制约。认知框架中的动作义位，描述了一个典型情境中相对完整的动作事件，该动作事件是由不同的概念范畴组成的意象图示。在语义框架中，认知概念范畴投射为不同的抽象意义参数，意义参数在动作义位的释义配列式中递归性地出现；在释义框架中，相关抽象意义参数通过语义赋值得以具体化。"

本书在认知语言学理论中，主要选择意象图示理论作为基础，研究多义词义位间的关系。意象图示是"在我们的视觉、动觉经验中反复出现的动态构型，它为我们的经验提供连贯性及结构"，Lackoff 详细地讨论了 5 种义项图示：容器图示、部分－整体图示、连接图示、中心－边缘图示、路径图示。这些意象图示主要与空间直接相关。放置类动词的典型特点就是与空间相关，因此，可以把放置类动词所代表的事件结构看作是路径图示。

第五节 研究方法

冯志伟在《基于经验主义的语料库研究》一文中提出："语料库同时也是语言学家有力的研究工具。语料库的使用，为语言学的研究提供了一种新的思维角度，辅助人们的语言'直觉'和'内省'判断，从而克服研究者本人的主观性和片面性，逐渐成为语言学研究的主流方法。""语料库语言学主要研究机器可读的自然语言文本的采集、存储、检索、统计、词性和句法标注、句法语义分析，以及具有上述功能的语料库在语言定量分析、词典编纂、作品风格分析、自然语言理解和机器翻译等领域中的应用。"王永庆指出："语料库语言学为语言研究提供了一个全新的思路和方法，例如，正是语料库语言学的发展，许多语言研究从规定性走向描写性，即语料库为语言现象的解释和阐述提供了一个重要的证据来源。"语料库语言学的优势在于："（1）可以利用计算机强大的搜索和运算功能，能够对语言文本进行快速、准确地分析；（2）语料库规模庞大，所容纳的文本量大，语料真实且语域全面；（3）运用定性解释与定量分析相结合的方式对语言全面描写并解释。"

一、语料来源

本书主要参考的语料库有以下几个。

（一）北京大学中国语言学研究中心研制的 CCL 语料库（简称"CCL 语料库"）

截至 2018 年，CCL 语料库总字符数约为 7.83 亿字，该语料库中的语料共有四个层级的分类。在第一级分类中，分为现代汉语和古代汉语两大类别。在第二级分类中，现代汉语语料包括现代和当代两大类。在第三级分类中，当代语料又细分出 CWAC、口语、史传、应用文、报刊、文学、电视电影、相声小品、网络语料、翻译作品等十类，现代语料分为文学、戏剧两类。在第四级分类中，应用文分为了中国政府白皮书、健康养生、法律文献、社会科学、自然科学、药方、菜谱、议论文、词典、说明书十类，报刊分为 1994 年报刊精选、人民日报、作家文摘、市场报、故事会、新华社、读书、读者、青年文摘九类，电视电影分为非文艺和文艺两大类，翻译作品分为应用文和文学两类。

（二）全球汉语中介语语料库

全球汉语中介语语料库是教育部重大攻关项目"'全球汉语中介语语料库'建设和研究"的核心内容，由北京语言大学崔希亮教授、张宝林教授主持。该语料库设计总规模 5 000 万字，含熟语料 2 200 万字，集笔语语料库、口语语料库、多模态语料库于一体。截至 2021 年 11 月 6 日，库存原始语料 2 367 万多字，多个层面的标注语料合计约 1.26 亿字。其中笔语标注语料 9 493 万多字，口语标注语料 1 955 万多字，视频标注语料 1 144 万多字。另有供对比研究用的中学生汉语母语者的作文生语料 137 万字。

（三）HSK 动态语料库

"HSK 动态作文语料库"是母语非汉语的外国人参加高等汉语水平考试（HSK 高等）作文考试的答卷语料库，收集了 1992—2005 年的部分外国考生的作文答卷，截至共收入语料 10 740 篇，约 400 万字，于 2006 年 12 月上线。2008 年 7 月，经修改补充，语料库 1.1 版语料总数达到 11 569 篇，共计 424 万字。

二、建立词目词平衡语料库——以"埋"为例

本书按照以下步骤建立"埋"的平衡语料库。

（一）计算每类语料的抽取数

首先，计算出 12 个三级分类中每类语料的抽取的平均数约为 833 条，将三级分类中少于或等于 833 条的语料全部抽取，以保证语料来源的均衡性，共抽取出 CWAC、口语、史传、应用文等 9 个三级分类中的 3 065 条语料，剩余需抽取的语料数为 6 935 条。

其次，计算出剩余 3 个三级分类抽取的平均数约为 2 311 条，将少于或等于该平均数的翻译作品类语料全部抽取，剩余需抽取的语料数为 4 804 条。

接着，计算出剩余 2 个三级分类抽取的平均数为 2 402 条。

最后，在报刊和文学 2 个三级分类中，按照三级分类的计算方式，依次根据平均数的标准，计算出每个四级分类语料的抽取条数。

（二）语料的抽取和语料库的建立

根据四级分类中的计算结果，将抽取数小于下载数的 7 个四级分类语料，例如，1994 年报刊精选、人民日报、作家文摘等，分别导入到 ACCESS 语料库中，创建语料库。

在剩余 5 个四级分类语料库中，使用随机抽取表达语句抽取相应数量的语料，建立 7 个随机抽选的语料库。

最后，将抽取数等于下载数的语料导入到 ACCESS 语料库中，并与 7 个随机抽选建立的语料库合并，建立动词"埋"的平衡语料库。

该语料库共包含共 1 万条语料，85.7 万字，其所含各类语料情况见表 1-5。

表 1-5　动词"埋"平衡语料库的语料分布情况

二级分类	三级分类	四级分类	下载语料/条	抽样语料/条	三级分类合计/条
	CWAC	—	139	139	139
	口语	—	63	63	63
	史传	—	211	211	211
当代	应用文	中国政府白皮书	4	4	768
		健康养生	16	16	
		法律文献	6	6	
		社会科学	256	256	
		自然科学	163	163	
		药方	5	5	
		菜谱	9	9	
		议论文	24	24	
		词典	285	285	
		说明书	0	0	

二级分类	三级分类	四级分类	下载语料/条	抽样语料/条	三级分类合计/条
当代	报刊	1994年报刊精选	1 310	381	2 402
		人民日报	3 027	382	
		作家文摘	825	381	
		市场报	86	86	
		故事会	19	19	
		新华社	3 838	382	
		读书	895	381	
		读者	820	381	
		青年文摘	9	9	
	文学	—	3524	2 402	2 402
	电视电影	文艺	263	263	485
		非文艺	222	222	
	相声小品	—	89	89	89
	网络语料	—	761	761	761
	翻译作品	应用文	336	336	2 131
		文学	1 795	1 795	
现代	戏剧	—	23	23	23
	文学	—	526	526	526
合计			19 549	10 000	10 000

其余词目词的语料抽取和平衡语料库的建立方法均与此一致。

第二章　学习词典中放置类动词
释义研究概况

随着留学生数量规模的扩大及层次的提高，汉语学习词典在规模和类型上都得到了较大的发展。随着汉语国际传播的发展，汉语学习词典历经五十余年的发展也小有规模。解海江，郑晓云指出，"据统计，从 20 世纪 50 年代至今，国内出版的汉语学习词典有 200 多本，国外仅欧美出版的汉语学习词典就有上百本"，杨金华统计后认为：到目前为止，我国已问世的汉语学习词典不下 50 部，其中综合性单语、双语及双解词典近 20 部，各种专科性的，以及双语、双解等词典的出版也呈现明显的上升趋势。但其世界影响力完全无法与汉语全球应用力相匹配。为了满足世界各国人民的汉语学习需求，需要有与英语学习词典编纂水平与普及规模相当的汉语学习词典。

第一节　汉语学习词典释义的历时发展概况

我国对外汉语教学历史悠久，早在两千五六百年前，周末《周礼》及秦汉之初《礼记》中所提到的通译已现雏形。然而汉语学习词典的编纂直到明清时期才开始萌芽，根据其发展阶段可以大致分为四个阶段。

一、汉语学习词典的萌芽期

汉语学习词典的编纂在明清时期才开始萌芽，且编撰者主要为外国人。1815—1823 年出版的，由欧洲传教士罗伯特·马礼逊编撰的《A Dictionary of the Chinese Language》(《华英字典》) 被视为汉语学习词典的雏形。

19 世纪是外国人编写汉语学习词典的高潮，据章宜华的统计 19 世纪至 20 世纪初，外国人为了学习和使用汉语而编写的词典有 20 多部，根据类型可分为普通汉英词典、方言汉英词典和专门汉英词典三类。

因目前暂未查询到此类词典，暂无法讨论其释义特点。

二、汉语学习词典的摸索期的释义研究

中华人民共和国成立后，由于来华留学规模较小，我国汉语学习词典的研究和编撰发展缓慢，直至 1976 年，北京语言学院才首次编印了供外国人学习汉语用的《汉英小词典》和《汉法小词典》。

该时期最有代表性的汉语学习词典是 1980 年商务印书馆出版的由吕叔湘主编的《现代汉语八百词》(以下简称《八百词》)。该词典是首部面向外国人讲汉语语词用法的词典，选词以虚词为主，也收了一部分实词，每一个词按意义和用法分项详加说明。该词典受到了汉语二语学习者和教师的欢迎，对国内语言教学和研究领域产生了较大的影响，被誉为"教学语法的开山之作"。1999 年，商务印书馆组织对该词典进行了增补和修订，对原书词条略有删除,另又增收了200多条新编的词条,全书词条总数约 1 000 条左右。

以"放"在《八百词》中释义为例。

①解除约束，使自由。可带"了、过"，可重叠。可带名词宾语。

②放牧。可带"了、着、过"，可重叠。必带名词宾语。

③放送，放映。可带"了、着、过"，可重叠。可带名词宾语。

④在规定的时间停止工作或学习。可带"了、着、过"，可重叠。可带名词宾语，限于"假、学、工"等。

⑤花朵开放，常用语四字语。

⑥散发（气味）；发出；发射；点燃。可带"了、着、过"，可重叠。可带名词宾语。

⑦扩展；加大。可带"了、过"，可重叠。常构成动结式、动趋式或重叠式。可带名词宾语。

⑧使处于一定的位置；放置、安放。可带"了、着、过"，可重叠。可带名词宾语。

⑨使停留在原来的地方或状态，不加处理。

⑩搁进去，加进去。可带"了、着、过"。

⑪控制速度，态度等，使达到某种状态。构成动结式可带名词宾语。

吕叔湘先生在1980年的初版前言中明确指出编写《八百词》的原因之一就是"在以汉语作为第二语言的教学工作中对这样一本工具书有相当迫切地需要"。而其增订本的说明又再次强调了《八百词》的编写初衷，即"供非汉族人学习汉语时使用"以及供"一般语文工作者和方言地区的人学习普通话"时参考，因此该词典的释义具有鲜明的外向型特点，释义时虽然从语义出发，但特意标注了每个词的用法。从释义特点来看，除采用了传统的"以词释词"，如义项②、③、⑥、⑦主要采用同义词进行释义，还采用了短语释义，如义项①、④、⑤、⑧、⑨、⑩、⑪。但也存在一些释义词语难于词目词的情况，如义项⑦中使用的"扩展"比"放"难。《八百词》在汉语二语教学中起到了非常重要的指导作用，但由于收词量较小，且选词主要以虚词为主，还不能完全满足汉语二语学习者的自主学习需求。

三、汉语学习词典的蓬勃发展期的释义研究

20世纪90年代至今，随着汉语二语教学规模的扩大，汉语学习词典在规模和学术性方面都得到了很大的发展。其中比较有代表性的有《现代实用汉英词典》《HSK中国汉语水平考试词汇大纲汉语8000词词典》《商务馆学汉语词典》和《当代汉语学习词典》。

　　《现代实用汉英词典》（以下简称《现学》）是由孙全洲主编，上海外语教育出版社 1995 年出版的。该词典是为了适应国外读者学习汉语的特殊需要而编写的一本常用词语的中型词典。全书共收 5 500 个字，词语 23 000 余条，总计约 300 万字。该词典对词性的分析、词语的搭配、词的造句功能和句型，词语间的意义关系（同义、反义、类义）等有关问题都分类加以分析说明，为国外学习汉语的读者提供所需的多方面的词语知识。

　　《HSK 中国汉语水平考试词汇大纲汉语 8000 词词典》（以下简称《8000 词》）是由北京语言文化大学汉语水平考试中心编写，由北京语言文化大学出版社 1999 年出版。该词典是一部基于《汉语水平词汇与汉字等级大纲》编写的一部独具特色的词典，共收甲、乙、丙、丁四级常用词 8 822 个。其特色主要表现在：是中国首部在词目标注常用性等级、多义词各义项的辞书；基本义和常用义配有英文释义；同时还标注了提示、近义词、反义词、正序逆序构词等以帮助学习者学习。

　　《商务馆学汉语词典》（以下简称《商务馆学》）是由鲁健骥、吕文华编写，商务印书馆 2006 年出版的一部多功能的外国人学汉语词典。收常用字 2 400 个，词 1 000 多条，显示搭配、用法的词组和例句近 6 000 个。词条按义项排列，释义简明、易懂，例句丰富，贴近生活。编者认为该词典适合中等汉语水平的外国学生使用。

　　《当代汉语学习词典》（以下简称《当汉学》）是由张志毅主编，商务印书馆 2020 年出版的一部按照国际通行的学习型词典理念编写的中型语文学习词典。该词典以对外汉语教学和汉语词汇学研究的成果作为收词依据，以 20 世纪 50 年代以来汉语普通话中最核心、最基本的常用词为收词对象，共收录词条 6 683 个。在义项、释义、举例方面充分利用了 CCL 语料库、商务印书馆语料库等海量平衡语料库，以"义细、例丰、元少、用多"八字方针为编写原则。被誉为是对"一部真正意义上的学习型词典如何编写"以及"编写成什么样"的实践和探索。

　　以"放"的动词性义项释义为例。

《现学》（孙版）中，对其的释义如下。①解除束缚，使行动自由。②放牧。③点燃。④发射。⑤扩展；延长。⑥搁置。⑦安置。⑧加进去。⑨放出；排泄。⑩控制自己的行动，采取某种态度。||［素］①结束。②发出。③开出。④放纵。⑤借钱给人。

《商务馆学》中，对其的释义如下。①使受限制的人或动物恢复自由。②向外扩展，使变大、变宽、变长。③发出，显出（图像、声音等）。④在规定的时间内停止（学习和工作）。⑤让牛、羊、马等自由地活动。⑥把某个东西摆在一个地方。⑦加进去。⑧点火使爆炸或燃烧。

《当汉学》中，对其的释义如下。①松开手或口。②解除约束，使自由，a）用于人；b）用于动物。③使物体顺水漂流或在空中飘动。④在一定时间停止工作或学习。⑤不加约束；放纵。⑥赶着牛、羊等到户外吃食、活动。⑦播送；放映。⑧把钱借给别人并收取利息。⑨把钱物发给需要的人。⑩点燃。⑪射出枪弹、炮弹、箭等。⑫使液体或气体排出。⑬发出光、电、热、气味等。⑭加大、加长或加宽。⑮花开。⑯不着手做；停止进行；搁置。⑰使处在一定的位置，a）用于物品；b）用于人；c）用于文字、资料、数据等；d）用于抽象事物。⑱加进去。⑲放＋形容词/动词，表示调整行动、态度等使达到。⑳比喻把权力交给别人，不再把持。㉑宽容；饶恕。㉒把钱物、食品、饮料等先保存起来或保留起来，暂时不用或不吃喝，a）用于钱；b）用于物品；c）用于食物。㉓把直立的东西弄倒；使人躺倒。㉔说出来或透露出去，让大家知道。

从三本词典的释义来看，除了义项数量存在差异外，释义方式也有较大的差异，《现学》（孙版）中的"放"的 15 个动词性义项释义首先区分了词语义项和语素义项。其次在释义方式上，主要采取以词释词的方式，以词释词义项数有 11 个，占 73.3%；采用描述性话语释义的仅 4 个，占 26.7%。《商务馆学》中的"放"的 8 个动词性义项，均采用了描述性话语释义。《当汉学》中采用以词释词的义项数仅 3 个，占 12.5%；主要采用描述性话语释义，共 21 个，占 87.5%；且在某些义项中还根据修饰的不同对象进一步

区分了子义项。虽然该三部词典的出版时间晚于《八百词》，但均未继承《八百词》中标注词的用法的方法，主要是语义为主。

第二节 放置类单音节肢体动作动词
在汉语学习词典中的释义情况

为了考察放置类单音节肢体动作动词在汉语学习词典中的释义情况，主要选用了受认可度较高和收词量相对较多的四部汉语学习词典作为考察对象，分别为《现学》（孙版）、《8000 词》《商务馆学》和《当汉学》。四部汉语学习词典中单音节肢体动作动词的义项数和释义方式统计表如表 2-1 所示。

表 2-1 汉语学习词典中词目词义统计表
——以《现学》（孙版）、《8000 词》《商务馆学》和《当汉学》为例

词目词	《现学》（孙版）		《8000 词》		《商务馆学》		《当汉学》	
	描述性话语释义	义项总数	描述性话语释义	义项总数	描述性话语释义	义项总数	描述性话语释义	义项总数
摆	0	3	0	3	1	1	4	4
插	2	2	2	2	2	2	2	2
堆	1	2	0	1	0	1	1	2
放	4	15	6	9	8	8	22	24
盖	3	5	3	4	3	3	3	5
埋	1	1	1	1	1	2	3	3
铺	1	1	1	1	1	1	1	1
塞	1	2	1	1	1	1	2	2
填	2	2	1	2	1	2	2	3
合计	15	33	15	24	17	21	40	46

从表 2-1 可以看出，9 个词目词在四部汉语学习词典中均有收录，但义项数量和释义方式还是存在差别，具体对比如表 2-2 和表 2-3 所示。

表 2-2　汉语学习词典中词目词释义精细度表
——以《现学》(孙版)、《8000 词》《商务馆学》和《当汉学》为例

词典	词目词/个	义项/个	义项精细度
《现学》(孙版)	9	33	3.67
《8000 词》	9	24	2.67
《商务馆学》	9	21	2.33
《当汉学》	9	46	5.11

　　从义项精细度方面来看,《8000 词》和《商务馆学》两部词典的义项精细度都较低,均低于 3,而《当汉学》的义项精细度则远高于前三部。因为外向型词典的目标用户是留学生,因此在收录义项时,编者们对词的收录和义项的设立或持较谨慎的态度,因此前三部词典的收词数较少,释义的精细度也均低于《现汉》和《汉大》。收词量少和义项精细度较低,无法完全满足汉语二语学习者,尤其是高级阶段的学习者的需求。

表 2-3　汉语学习词典中词目词释义方式对比表
——以《现学》(孙版)、《8000 词》《商务馆学》和《当汉学》为例

词典	以词释词义项占比	描述性话语释义义项占比
《现学》(孙版)	54.55%	45.45%
《8000 词》	37.5%	62.5%
《商务馆学》	19.05%	80.95%
《当汉学》	13.04%	86.96%

　　前三部词典编写的时间约间隔 5 年左右,最后一部则间隔了 14 年。从其释义方式的发展变化来看,汉语学习词典的释义已经发生了极大的变化,描述性话语释义已经基本成为汉语学习词典的首选释义方式。《现学》(孙版)的编者也在序言中提出"本词典全部词目释义,均在保证科学性的基础上,尽量做到语言简约平易,避免以词释词"。这是符合世界学习词典释义方式变化潮流的,对满足词典用户的需求具有重要的价值。

第三节　汉英学习词典中放置类肢体动作动词释义对比

一、放置类动肢体动作动词在英语学习词典中的释义研究

在 Beth Levin 关于英语动词分类的研究中，Verbs of putting 类中含有的 Put Verbs、Verbs of Putting in a Spatial Configuration、Verbs of Putting with a Specified Direction、Fill Verbs 这 5 个小类。这 5 个小类所包含的英语动词与汉语词目词语义大致相同，共计 169 个。再依据 Oxford 5000 核心词的标准进行删选，共挑选出 arrange，block，cover，fill，install，lay，place，position，put，set，settle，spread，stick，pitch 这 14 个典型放置类肢体动作动词作为拟研究的英语词目词。以《牛津高阶英汉双解词典（第 10 版）》以下简称（《牛高》）、《朗文当代高级英语辞典》（第 6 版）（以下简称《朗高》）、《柯林斯 COBUILD 高阶英汉双解学习词典（第 9 版）》（以下简称《柯高》）作为英语学习词典的代表进行放置类肢体动作动词的释义研究，释义统计结果如表 2-4 所示。

表 2-4　英语学习词典中词目词释义统计详表
——以《牛高》《朗高》《柯高》为例

词目词	《牛高》		《朗高》		《柯高》	
	描述性话语释义/个	义项总数/个	描述性话语释义/个	义项总数/个	描述性话语释义/个	义项总数/个
arrange	3	3	4	4	5	5
block	6	6	6	6	6	6
cover	15	15	14	14	13	13
fill	12	12	12	12	13	13
install	4	4	4	4	3	3
lay	13	13	22	22	7	7
pitch	10	10	11	11	8	8

词目词	《牛高》		《朗高》		《柯高》	
	描述性话语释义/个	义项总数/个	描述性话语释义/个	义项总数/个	描述性话语释义/个	义项总数/个
place	8	8	9	9	11	11
position	1	1	2	2	1	1
put	11	11	19	19	12	12
set	17	17	25	25	14	14
settle	10	10	13	13	9	9
spread	10	10	12	12	7	7
stick	8	8	13	13	7	7
合计	128	128	166	166	116	116

从 17 个英语词目词的义项统计结果来看,《朗高》中该类词语的义项数最多,《牛高》次之,《柯高》中最少。三部词典的放置类单音节肢体动作动词释义精细度如表 2-5 所示。

表 2-5　英语学习词典中词目词释义精细度表
——以《牛高》《柯高》《韦高》为例

词典	词目词/个	义项/个	义项精细度
《牛高》	14	128	9.15
《朗高》	14	166	11.86
《柯高》	14	116	8.29

从义项精细度方面来看,三部英语学习词典的义项精细度都较高,平均值为 9.77。

二、汉英学习词典中放置类肢体动作动词释义对比

根据以上的分析,从义项精细度和释义方式两个方面,可以看出汉语学习词典和英语学习词典的明显差异,具体对比如表 2-6 和表 2-7 所示。

表 2-6 汉英学习词典词目词释义精细度对比表

类别	词典	词目词/个	义项/个	义项精细度
汉语学习词典	《现学》（孙版）	9	33	3.67
	《8000 词》	9	24	2.67
	《商务馆学》	9	21	2.33
	《当汉学》	9	46	5.11
英语学习词典	《牛高》	14	128	9.15
	《朗高》	14	166	11.86
	《柯高》	14	116	8.29

表 2-7 汉英学习词典词目词释义方式对比表

类别	词典	以词释词占比	描述性话语释义占比
汉语学习词典	《现学》（孙版）	56.60%	43.40%
	《8000 词》	52.90%	47.10%
	《商务馆学》	30.20%	69.80%
	《当汉学》	14.10%	85.90%
英语学习词典	《牛高》	0	100%
	《朗高》	0	100%
	《柯高》	0	100%

表 2-6 中，从义项精细度来看，汉语学习词典的义项精细度远远低于英语学习词典。对比汉语学习词典的放置类肢体动作动词性义项精细度平均值（2.88）而言，英语学习词典的义项精细度平均值约为汉语学习词典的 3.39 倍。焦子桓、艾红娟通过对斯瓦迪士核心词 100 组核心词在英语和汉语外向型学习词典中义项精细度，指出"英语外向型词典的义项精细度是汉语外向型词典的 3 倍（《牛高》10.46，《韦高》13.02，《柯高》7.96，《现学（孙版）》4.56，《商务馆学》3.30，《当汉》1.53）"虽然本书所考察的汉语学习词典和英语学习词典与焦子桓所考察的词典不完全相同，但对比后得出的结论与焦子桓研究得出的结论高度一致。

放置类肢体动作是人体动作中一个重要的部分，此类动作动词在人类语言中具有较大的共性，但其在英语和汉语学习词典中的义项数却存在较大差异。郑述谱、张志毅、李仕春等学者认为存在巨大差异的原因是汉语词典漏收了数量不菲的义项。通过汉英内外型词典义项精细度的对比，可以说基于语料库编纂的英语词典义项收录更加全面，义项划分更加细化，更具科学性，非常值得汉语学习词典学习和借鉴。

对比英语学习词典的释义方式，可以看出汉语学习词典的释义方式已逐渐开始采取以描述性话语释义为主，但其与英语学习释义方式之间的差距还较大，还需要进一步深化和细化。于屏方在《动作义位释义的框架模式研究》中也指出"对义核之外的关涉语义成分的适当显化，可以提高释义的精细度和准确度，为学习者提供了详细的语义说解，便于对义位个题的整体把握，同时也有利于对相关义位群进行有效的区分"。

综上所述，在辞书强国建设的语境下，在汉语国际传播日益繁荣的背景下，汉语学习词典的研究和编纂实践还需要积极向英语学习词典取经，以英语学习词典的"石"精心打磨汉语学习词典这块"玉"，顺势而上，出精出彩！

第三章　放置类动词典型代表
——"放"的义项划分及描写

　　"放"在《现代汉语频率词典》中使用度级次 153，使用度 835，词次 956，累计词次 620 107，频率 0.072 7，累计频率 47.177 9；在 CCL 语料库现代汉语语料中共出现 3 290 次，总汉字 10 645 个中排序为 342 位；并被归入《国际中文教育中文水平等级标准》四级词汇中。

第一节　现有词典中动词"放"的义项划分及描写

　　《说文解字》中"放"的释义为："放，逐也。从攴方聲。"《汉字源流字典》中认为："放"是会意兼形声字，本义为弃逐，或把有罪的人驱逐到边缘的地方。张延成、孙婉在《中古汉语动词"放"构式及事件研究》中对中国汉语标记语料库中 533 例动词"放"的语料进行了统计，结果显示：动词"放"的"释放"义项是中古汉语动词"放"的最主要语义，共检索得语料 508 例，占语料总数的 91.53%；"放纵"义项的语料有 30 例；"放置"义项的语料有 15 例；而上古汉语语料中最为常见的表"放逐"义的语料中仅存 2 例。

根据上述研究，我们可以初步了解动词"放"语义的历时演变脉络，即"放"的本义为"放逐"义，随后逐渐演变出"释放义"，后来又演变出"放纵"义，再后来出现了"放置"义。

《现汉》中作为动词的"放"的释义如下。①解除约束，使自由。②在一定的时间停止（学习、工作）。③放纵。④让牛羊等在草地上吃草和活动。⑤把人驱逐到边缘的地方。⑥发出。⑦播送。⑧借钱给人，收取利息。⑨把钱或物资发给（需要的人）。⑩点燃。⑪扩展。⑫（花）开。⑬搁置。⑭弄倒。⑮使处于一定的位置。⑯加进去。⑰控制自己的行动，采取某种态度，达到某种分寸。

《现规》中作为动词的"放"的释义如下。①把犯人从监牢例提出来驱赶到边远地方；解除约束，使自由。②不加约束；放纵。③放牧。④暂时停止工作或学习，使自由活动。⑤指引火焚烧。⑥发出；发射。⑦（把钱或物）发给（一批人）。⑧把钱借给别人并收取利息。⑨（花）开。⑩扩大；延长。⑪放置；存放。⑫搁置；停止进行。⑬使倒下；放倒。⑭把某些东西加进去。⑮控制（行动、态度等），使达到某种状态。

从上述两部内向型词典中动词"放"释义可以发现，动词"放"的义项较多，义项之间的语义差别比较细微。对四部汉语学习词典中动词"放"的释义的对比如表 3-1 所示。

表 3-1　汉语学习词典中动词"放"的释义

义核	《现学》（孙版）	《8000 词》	《商务馆学》	《当汉学》
解除	解除束缚，使行动自由	解除约束，使自由	使受限制的人或动物恢复自由	解除约束，使自由。a）用于人；b）用于动物
放牧	放牧	赶着牲畜找食物或活动	把牛、羊、马赶到草地上，让它自由活动、吃草	赶着牛、羊等到户外吃食、活动
点燃	点燃	发出；点燃	点火使爆炸或燃烧	点燃
发射	发射	—	—	射出枪弹、炮弹、箭等
扩展	扩展，延长	扩展；加大	向外扩展，使变大、变宽、变长	加大、加长或加宽
搁置	搁置	搁置	—	不着手做；停止进行；搁置

续表

义核	《现学》(孙版)	《8000词》	《商务馆学》	《当汉学》
安置	安置	使处于一定的位置	把某个东西摆在一个地方	使处在一定的位置。a)用于物品；b)用于人；c)用于文字、资料、数据等；d)用于抽象事物
加进去	加进去	加进去	加进去	加进去
放出	放出；排泄	—	—	使液体或气体排出
控制	控制自己的行动，采取某种态度	控制速度、态度等	—	放+形容词/动词，表示调整行动、态度等使达到
发出	素：发出	—	发出，现出（图像、声音等）	发出光、电、热、气味等
停止	素：结束	在规定的时间内停止（学习、工作）	在规定的时间停止（学习和工作）	在一定时间停止工作或学习
开	素：开出	—	—	花开
放纵	素：放纵	—	—	不加约束；放纵
飘、漂	—	—	—	使物体顺水漂流或在空中飘动
播送	—	—	发出，现出（图像、声音等）	播送；放映
借	—	—	—	把钱借给别人并收取利息
发放	—	—	—	把钱物发给需要的人
松开	—	—	—	松开手或口
放权	—	—	—	比喻把权力交给别人，不再把持
宽恕	—	—	—	宽容；饶恕
保存	—	—	—	把钱物、食品、饮料等先保存起来或保留起来，暂时不用或不吃喝。a)用于钱；b)用于物品；c)用于食物
弄倒	—	—	—	把直立的东西弄倒；使人躺倒
说、透露	—	—	—	说出来或透露出去，让大家知道

　　上述四部汉语学习词典中，对动词"放"的义项划分和描写存在较大的差异：第一，在义项划分方面，《商务馆学》中的义项数最少，《当汉学》中的义项数最多，是《商务馆学》中的3倍；第二，从义项描写来看，《现学》主要使用以词释词的方式进行释义，其他三部词典则主要使用描述性

话语释义；第三，在义项的排列上，四部词典均不相同。上述词典对动词"放"的义项划分和描写为本节中"放"的义项划分和描写奠定了基础。但目前对于动词"放"的义项划分和释义描写暂未达成一致的观点，仍值得进一步分析和探讨。

第二节　汉语二语学习者动词"放"的习得偏误

为了解汉语二语学习者对动词"放"的掌握情况，在全球汉语中介语语料库和 HSK 动态作文语料库中进行了检索。检索后发现部分因对动词"放"语义不清楚而产生的偏误。例句如下。

①我们政府和公园的老板放了很多时间在这个公园。（全球汉语中介语语料库；作文题目：政府的代表致祝贺词；学习者国籍：美国）

②终于她放了一句话"福福，你真幸福！"（全球汉语中介语语料库；作文题目：祭祀的一天；学习者国籍：韩国）

上述例句中的错误均属于"放"与客体对象搭配不当。例①中，"放"的主体对象是"政府和老板"，客体对象是"时间"，将"花"误用为了"放""放"在表达将抽象对象投入在某一方面时，客体常为"精力""注意力"等。例②中，"放"的主体对象是"她"，客体对象是"一句话"，将"说"或"讲"误用为了"放"，当客体对象为"话"时，"放话"强调的是信息的传递这一结果，而该例句中强调的是"说"这一动作本身。

③可是最重要的是把我们的心情放一些。（全球汉语中介语语料库；作文题目：减肥；学习者国籍：韩国）

④要离开白头山，我真是不想走，怎么都不能放脚步，可能是现在离开它，不知道什么时候才再来到这儿。（全球汉语中介语语料库；作文题目：难忘的白头山旅行记；学习者国籍：韩国）

上述例句中，"放"的主体对象分别是"我们""我"，客体对象是"心情"和"脚步",想要表达的是使"心情"或"脚步"达到某种状态或标准,需要增加结果,应该使用"放松"和"放慢",而并非"放"。

⑤他决心过新的生活,但是环境不<u>放</u>他过好的生活。(全球汉语中介语语料库;作文题目:向日葵;学习者国籍:韩国)

例⑤中的错误属于"放"与主体对象搭配不当。该病句中"放"的主体对象是"环境",客体对象是"他",结果对象是"过好的生活",当结果对象为"过……"时,主体对象需要是具有主观意识的对象,而"环境"不具备[+主动]的语义特征。

综上可知,汉语二语学习者在掌握动词"放"各义项的过程中还有所缺漏,在汉语学习词典释义时,需要进一步完善释义描写。

第三节　建立动词"放"的平衡语料库

截至 2021 年 9 月,CCL 语料库中"放"字的现代汉语语料共计 363 111 条,约 3 824.5 万字,笔者按比例抽取了共计 10 000 条约 92.7 万字的语料建立动词"放"的平衡语料库。动词"放"的平衡语料库所含各类语料情况见表 3-2。

表 3-2　动词"放"平衡语料库的语料分布情况

二级分类	三级分类	四级分类	下载语料	抽样语料	三级分类合计
当代	CWAC	—	3 220	916	916
	口语	—	576	576	576
	史传	—	2 741	916	916
	应用文	中国政府白皮书	603	91	916
		健康养生	1 161	92	
		法律文献	229	91	
		社会科学	2 864	92	
		自然科学	1 657	92	
		药方	319	91	

二级分类	三级分类	四级分类	下载语料	抽样语料	三级分类合计
当代	应用文	菜谱	5 378	92	916
		议论文	892	92	
		词典	2 693	92	
		说明书	214	91	
	报刊	1994 年报刊精选	42 334	104	919
		人民日报	99 072	104	
		作家文摘	9 143	102	
		市场报	4 609	102	
		故事会	196	102	
		新华社	89 484	104	
		读书	10 003	103	
		读者	7 133	102	
		青年文摘	96	96	
	文学	—	30 385	917	917
	电视电影	文艺	3 535	458	916
		非文艺	1 898	458	
	相声小品	—	693	693	693
	网络语料	—	14 062	917	917
	翻译作品	应用文	5 074	458	917
		文学	17 984	459	
现代	戏剧	—	481	481	481
	文学	—	4 382	916	916
合计			363 111	10 000	10 000

对动词"放"平衡语料库中 10 000 条语料依次标注后，发现语料中有作为专有名词的语料 15 条，如"放翁""徐放""张放"等；有错别字语料 7 条，对放（*方）、放名（*故）、放意（*故）。以上 22 条语料对于动词"放"的义项划分没有研究价值，均未标注义项，不做讨论与说明。有效语料条数共计 9 978 条。

第四节　动词"放"的义项划分及描写

动词"放"具有 25 种义项，具体如下。

一、义项一：把人派到边远的地方或岗位

在动词"放"平衡语料库中，该义项共有 83 条，占 0.83%。例句如下。

①曾国荃<u>放</u>了陕西巡抚。（当代/文学）

②记得那位冯大人呀，他<u>放</u>了外任官。（现代/文学）

③贝西作为"同谋"被抓起来，流<u>放</u>到西伯利亚。（当代/报刊/读书）

"放"的本义为"放逐"，在上述例句中，"放"所描述的主体对象均为人，客体对象也是人。在例①和例②中，"放"的结果对象分别是"陕西巡抚"和"外任官"，均为地方官职，相对于中央政权所在地的官职而言，具有［＋远离中心］的语义特征；例③中则增加了处所空间"西伯利亚"，作为动作的终点论元，"西伯利亚"相较于中心地区而言，同样具有［＋远离中心］的语义特征。当"放"实施时，客体人从某个源点位置被派遣到较远的地方或岗位的终点位置。

根据上述分析，基于以下理据创建其意象图示：（1）动作"放"发生后，各描述对象的位置发生了变化，因此用"→"来体现这一改变，其中，"→"左侧是源点图示，右侧是终点图示；（2）在源点图示中，存在一个客体人，用 P 来表示，同时，还存在一个源点处所，用 L_1 表示；（3）在终点图示中，动作"放"发生后，客体 P 的位置发生了变化，移动到了终点处所 L_2 处，且 L_2 距 L_1 较远。其表现如图 3-1 所示。

综上，建议凸显该义项中"放"所关涉的受事对象和结果论元，将该义项描写为义项一：把人派到边缘的地方或岗位。～逐｜流～｜下～｜蒋经国把亲生儿子外～｜屈原遭～逐，写了《离骚》｜他被下～到农村工作｜皇帝把

罪犯们流～到边塞地区。

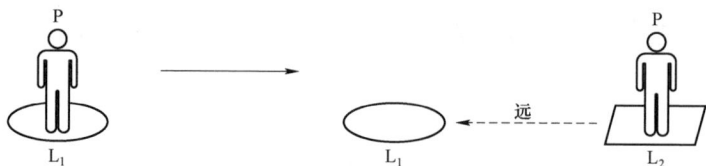

图 3-1　动词"放"义项一的意象图示

二、义项二：解除约束，使自由

在动词"放"平衡语料库中，该义项共有 2 348 条，占 23.53%。例句如下。

①正月末赵三受了主人的帮忙，把他从监狱里提<u>放</u>出来。（现代/文学）

②我曾见一个养鸟人，将一只鹦鹉由笼中<u>放</u>出。（当代/报刊/《人民日报》）

③土地改革把占人口百分之八十的农民的生产力解<u>放</u>出来了。（当代/应用文/议论文）

例①和例②中，"放"所描述的主体对象分别为"赵三"和"养鸟人"，均是人；客体对象分别是"他"和"鹦鹉"，分别是人和动物，均具有［＋生命］的语义特征，在功用角色方面具有较强的行动能力。还分别用"从"和"由"增加了源点处所空间"监狱里"和"笼中"，均为具体的处所空间，且具有较强的边界性，该类空间对其内客体具有较强的限制性，在功用角色方面具有［＋限制］的语义特征。结果论元为分别为"出来"和"出"。而例③中，"放"所描述的主体对象是"土地改革"，是由人组织和施事的社会运动，因此具有［＋主动］的语义特征。客体对象是"生产力"是抽象事物，还增加了结果论元"出来了"。虽然上述三个例句中的主体、客体各不相同，但是结果论元"出/出来"被凸显，即当"放"实施时，客体对象被从一个限制性较强的空间中被移动出来。

根据客体对象的形式角色差异，分为 3 个子义项，子义项 a 中涉及的客体对象为人，子义项 b 中的客体对象为动物，子义项 c 中的客体对象为抽象事物。具体分析和描写如下。

a）用于人：释～罪犯 | 曹操被关羽～走了 | 我没错，～我出去。

在动词"放"平衡语料库中，该义项共有 518 条，占 5.19%。例句如下。

①我想让你们<u>放</u>了我，别再把我关在牢房里了。（当代/翻译作品/文学）

②首犯无奈，下令<u>放走</u>所有人质。（当代/报刊/作家文摘）

③绿林军趁势攻下了几座县城，打开监狱，<u>放出</u>囚犯。（当代/应用文/社会科学）

上述例句中，动作"放"所描述的施事对象分别为"你们""首领"和"绿林军"，其中前两者属于人，后者属于由人组成的集体，均具有［＋主动］的语义特征。其所描述的受事对象分别为"我""人质"和"囚犯"，均为人，其中"囚犯"和"人质"在构成角色方面均具有［＋被限制行动］的语义特征，而例①下文中的"关在牢房"，也表明"我"在构成角色方面，同样具有［＋被限制行动］的语义特征。其所描述的处所对象分别为"牢房""（警方手中）"和"监狱"，在功用角色方面具有［＋限制］的语义特征。后两例中还增加了结果论元，分别为"走"和"出"。当动作"放"实施时，原先被限制行动的人从被从一个限制性较强的空间中被移动出来，获得了自由。

根据上述分析，基于以下理据创建其意象图示：（1）动作"放"发生后，各对象的位置发生了变化，因此用"→"来体现这一改变，其中，"→"左侧是源点图示，右侧是终点图示；（2）在源点图示中，存在一个客体人，用 P 来表示；同时，还存在一个处所，用 L 表示；（3）在终点图示中，动作"放"发生后，客体 P 的位置发生了变化，移动到了处所 L 外。因此将其表现如图 3-2 所示。

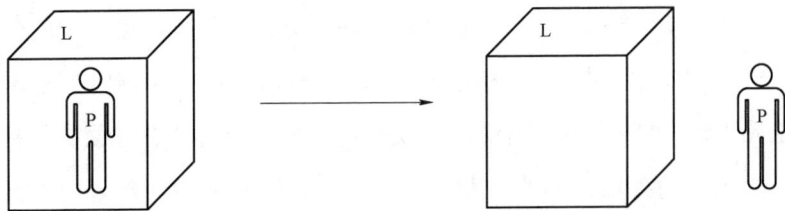

图 3-2　动词"放"义项二子义项 a 的意象图示

还有部分语料中,"放"所涉及的处所对象是抽象的处所空间,例句如下。

①谢谢你这样心平气和的成全了我,放我自由,我说不出有多感激!(当代/文学)

②爱情,有时就是个监牢,我释放了我自己,也释放了他!(当代/文学)

例①中,根据下文提到的"签字离婚",可以知道是"你"把"我"从婚姻关系中"放"了,让"我"得到了自由;而例②中则是把"爱情"暗喻为"牢笼"。"婚姻"和"爱情"属于社会关系,是一种抽象的处所空间,其对"婚姻"或"爱情"关系中的双方均有较强的约束性,具有一定的排他性,边界性较强,因此上述例句中"放"所描述的受事对象在该类空间中同样具有[+被限制行动]的语义特征。当动作"放"实施时,人从某种具有限定行为动作的关系中解脱,获得了自由。

因此,建议凸显该义项中的客体和处所对象,将该义项描写为以下两种。a)用于人:释~罪犯|曹操被关羽~走了|我没错,~我出去。

b)用于动物:~生|~狗|放~归山|放~猎兔|放~入海|把笼子打开,~小鸟自由吧。

在语料库中,该义项共有 59 条,占 0.59%,例句如下。

①终于带着笼儿到稚翠墓上开笼放鸟。(现代/文学)

②放出鹰和狗去追捕鸟兽。(当代/应用文/词典)

③80 只人工驯养的梅花鹿在吉林省长春市的净月潭国家森林公园被放归大自然。(当代/报刊/新华社)

上述例句中,"放"所描述的施事对象均是人,受事对象分别为"鸟""鹰"和"梅花鹿",均属于动物。其所涉及的处所对象分别是"笼"和"人工驯养基地",该类处所空间均具有较强的边界,因此上述例句中的受事对象在该类空间中同样具有[+被限制行动]的语义特征。同时,还增加了结果论元"出""归"等。当动作"放"实施时,上述受事对象从某种具有限定行为动作的处所中解脱,获得了自由。在语料库中,出现的频次较高的客体对象分别为:"狗"16 次,"鸟"类 15 次,"虎"11 次,"鱼"5 次。

根据上述分析，基于以下理据创建其意象图示：（1）动作"放"发生后，各对象的位置发生了变化，因此用"→"来体现这一改变，其中，"→"左侧是源点图示，右侧是终点图示；（2）在源点图示中，存在一个客体动物（用语料中出现最多的客体"狗"的图标来表示），用 P 来表示；同时，还存在一个处所，用 L 表示；（3）在终点图示中，动作"放"发生后，客体 P 的位置发生了变化，移动到了处所 L 外。因此将其表现如图 3-3 所示。

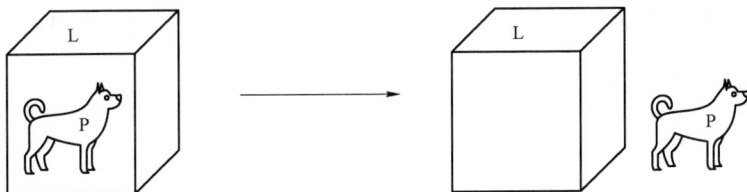

图 3-3　动词"放"义项二子义项 b 的意象图示

因此，建议凸显该义项中的客体和处所对象，将该义项描写为 b）用于动物：～生｜～狗｜放～归山｜放～猎兔｜放～入海｜把笼子打开，～小鸟自由吧。

c）用于抽象事物：解～思想｜改革开～｜～开市场｜～活科研机构。

在语料库中，该义项共有 1 771 条，占 17.75%，例句如下。

①俄罗斯从 1992 年初放开市场物价。（当代/报刊/人民日报）

②"放开一片"是要放开、放活一大批科技开发型和科技服务型机构。（当代/报刊/1994 年报刊精选）

③一是通过办企业让农民解放自己，从贫穷中解放出来走向富裕。（当代/报刊/人民日报）

上述例句中，"放"所描述的主体分别为"俄罗斯""政府"和"农民"，前两者是由人构成的集体，后者是人，均具有［＋主动］的语义特征。其所描述的客体对象分别为"市场物价""机构"和"自己"，前两者是抽象的事物，后者虽然是人，但是根据下文中的"从贫困中解放出来走向富裕"，可知"自己"是指的"自己状态"，也是属于抽象事物。同时，还分别增加结果论元"开""活""出来"，表示动作实施后客体对象的状态改变。即当动作"放"实施后，某种被限制的抽象事物被移出了限定范围。

根据上述分析，基于以下理据创建其意象图示：（1）动作"放"发生后，各对象的位置发生了变化，因此用"→"来体现这一改变，其中，"→"左侧是源点图示，右侧是终点图示；（2）在源点图示中，存在一个客体事物，用 P 来表示；同时，还存在一个处所，用 L 表示；（3）在终点图示中，动作"放"发生后，客体 P 的位置发生了变化，移动到了处所 L 外；（4）因为上述处所和和客体均为抽象事物，用虚线表示。其表现如图 3-4 所示。

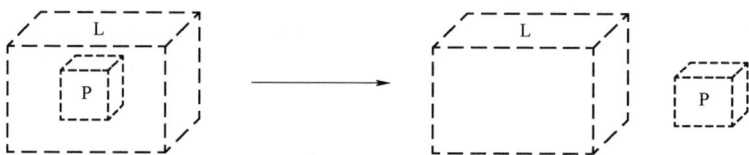

图 3-4　动词"放"义项二子义项 c 的意象图示

因此，建议凸显该义项中的客体、处所对象和结果，将该义项描写为c）用于抽象事物：解～思想 | 改革开～ | ～开市场 | ～活科研机构。

综上，建议凸显该义项中客体的形式角色及结果，将该义项描写为义项二：解除约束，使自由。a）用于人：释～罪犯 | 曹操被关羽～走了 | 我没错，～我出去。b）用于动物，～生 | ～狗 | 放～归山 | 放～猎兔 | 放～入海 | 把笼子打开，～小鸟自由吧。c）用于抽象事物：解～思想 | 改革开～ | ～开市场 | ～活科研机构。

三、义项三：让牛、羊等家禽家畜到户外吃食、活动

在动词"放"平衡语料库中，该义项共有 59 条，占 0.59%，例句如下。

①牧童常到这里来放牛。（当代/文学）

②（老九）每天早起，打开羊圈门，把羊放出来。（当代/文学）

③他们总想替母亲分担一些家务，都抢着放猪放鹅。（当代/报刊/作家文摘）

上述例句中，"放"所描述的施事对象分别为"牧童""老九""他们"，均为人。其所描述的受事对象分别为"牛""羊""猪""鹅"，均为家畜或

家禽。例②中，还增加了源点处所"羊圈"和方向论元"出来"。当动作"放"实施时，这些受事对象从圈或笼中被放出。在语料库中，出现的频次较高的客体对象分别为："牛"21次，"羊"17次，"猪"4次，"鸡"3次。

部分语料中，还增加了"放"的目的论元，例句如下。

①全村几千亩苹果树，根本用不着人看管，没有小偷小摸，就是羊放到山里吃草也不用担心被人偷去。（当代/报刊/人民日报）

②从此俦奶奶就多了几件事：早起把牛放出来，尽它到草地上去吃青草。（当代/文学）

③水草丰盛的夏秋再把羊放到草原上育肥。（当代/报刊/新华社）

上述例句中，"放"所涉及的施事对象均为人，受事对象分别为"羊"和"牛"，终点对象分别为"山里""草地上"和"草原上"。同时，还增加了目的论元，分别为"吃草""吃青草"和"育肥"。做出某一动词的动作所要达到的目的就是这一动词的目的义，当动作和目的之间存在着的内在因果关系式词汇意义（动作义）造成的，目的义已经成为词义的一部分，因此这种目的义可以叫作叫作词汇目的义。词汇目的义明确固定，已经属于词义的一部分，在词典释义中一般都需要解释出来。上述"放"的动作和"吃青草""育肥"的目的之间存在内在的因果联系，从客观上来讲"放"牲畜的动作造成了其在外面"吃草"和将牲畜"育肥"的结果，从主观上来讲也就是为了让牲畜"吃草"并将其"育肥"这个目的而做出了"放"这一动作。即当动作"放"实施时，这些受事对象从圈或笼中被放出，到草地等地方吃草或进食等。

根据上述分析，基于以下理据创建其意象图示：（1）动作"放"发生后，各涉及对象的位置发生了变化，因此用"→"来体现这一改变，其中，"→"左侧是源点图示，右侧是终点图示；（2）在源点图示中，存在一个客体动物（用语料中出现最多的客体"牛"的图标来表示），用P来表示；同时，还存在一个处所，用L表示；（3）在终点图示中，动作"放"发生后，客体P的位置发生了变化，移动到了处所L外，且该转变过程常出于"吃草"的目的，因此重点图示中增加"草"的图标。其表现如图3-5所示。

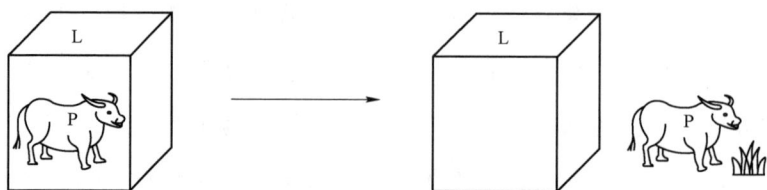

图3-5　动词"放"义项三的意象图示

综上，建议凸显该义项中的受事对象的状态和时间范围，将该义项描写为义项三：把牛、羊等家禽家畜到户外吃食、活动。～养|～牧|～牛|～羊娃|把牛～到山上去吃草。

四、义项四：松开手或口或移开视线

在动词"放"平衡语料库中，该义项的语料共 949 条，占 9.51%，例句如下。

①我双手<u>放</u>开方向盘。（当代/史传）

②他抓住井缝里生长出的野灌木枝条，死死地抓住不<u>放</u>。（当代/报刊/读者）

上述例句中，"放"所描述的施事对象分别是"我"和"他"，且从上文的"双手"和"抓住"可知，"手"是该动作的主要承担部位，即该动作的主体是手。所涉及的受事对象分别为"方向盘"和"灌木枝条"，都是具体物。在例①中，还增加了"放"所涉及的结果论元"开"。当动作"放"实施时，手由握住的状态打开，即手和受事对象之间的关系从接触变为了分离。

根据上述分析，基于以下理据创建其意象图示：（1）动作"放"发生后，各对象的形式角色特征和关系发生了变化，因此用"→"来体现这一改变，其中，"→"左侧是源点图示，右侧是终点图示；（2）在源点图示中，存在一个主体"手"，用 A 表示，还存在一个客体，用 P 表示；（3）在终点图示中，动作"放"发生后，客体 P 和主体 A 之间的位置发生了变化，由相接触，变为了相离。其表现如图 3-6 所示。

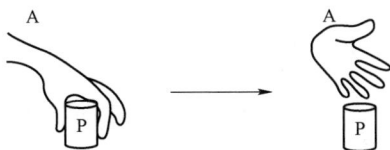

图 3-6　动词"放"义项四的意象图示

除了手之外，"嘴"或"眼睛"也是"放"的施事对象，例句如下。

①你又不是野兽，咬人干什么？快放开嘴。（当代/文学）

②（周恩来）望一眼雷英夫，那目光有些蹊跷，说怒不是怒，说严肃不是严肃，但又认真板着面孔，盯住雷英夫不放。（当代/报刊/作家文摘）

例①中，"放"所描述的施事对象是"你"，且根据下文的"嘴"可知，"嘴"是该动作的主要承担部位，即该动作的施事的部位是"嘴"。例②中，"放"所描述的主体对象是"周恩来"，且根据下文中的"望"和"目光"可知，"眼睛"是该动作的主要承担部位，即该动作的施事的部位是"眼睛"。客体对象分别是"人"和"雷英夫"，均为具体的物体。例①中还增加了结果论元"开"。当"放"的施事部位为"嘴"或"眼睛"时，嘴巴或视线与客体对象的关系也从接触变为了分离。该结果与"手"相似，因此，从肢体动作域扩展到嘴部或眼部器官动作域。

在隐喻的作用下，该义项中的客体对象还扩大到了抽象事物，例句如下。

①他又在等着下一次机会，这次只要抓住了，绝不会再放掉。（当代/应用文/社会科学）

②（张家港人）找准发展突破口，创造条件，扬长补短，咬住目标不放松。（当代/报刊/人民日报）

③我死盯住女儿的分数不放。（当代/史传）

上述例句中，"放"所描述的主体对象均是人，同时，根据上下文中的"抓""咬"和"盯"，可知具体的实施部位分别为"手""嘴"和"眼睛"。客体对象分别是"机会""目标"和"分数"，均为抽象事物。在语料库中，施事对象是"手"的共 560 条,是"嘴"的共 125 条,"眼睛"的共 67 条。

综上,建议凸显该义项中的主体对象,将该义项描述为义项四:松开手或口或移开视线。~手|抓住不~|揪住不~|快~开嘴|盯着不~◇抓住机会不~|缠着不~|~下思想包袱|不管东南西北风,咬定发展不能~。

五、义项五:对某人的行为或某件事情不计较

在动词"放"平衡语料库中,该义项的语料共 95 条,占 0.95%,根据客体的形式角色特征,将其分为两个子义项,子义项 a)所涉及的客体对象为人,子义项 b)所涉及的客体对象为非人类客体。其中子义项 a)共 84 例,子义项 b)共 11 例,例句如下。

①你爹你娘,他们不会轻易放过你的!(当代/文学)

②哥们儿,放他一马,冲我面子。(当代/文学)

③我安心撤退,放他一条生路。(当代/文学)

上述例句中,"放"所涉及的主体对象分别是"他们""哥们儿"和"我",均是人。客体对象分别是"你"和"他",也均是人。但结合上下文,可知上述主体和客体之间并不存在实际的肢体接触,而是情感态度方面的关联。同时,均增加了结果论元,分别为"过""一马(一次)""一条生路"。另外,例①中增加了方式论元"轻易",例②中增加了原因"冲我面子"。结果、方式和原因的增加,凸显了"放"的实施存在特殊的目的,即在情感态度方面,某人因为某种原因,原谅其他人。

①(他)一根柱子一块板壁地找,就连能藏进一只蚂蚁的缝隙也没放过。(当代/报刊/故事会)

②多年侦查生涯里养成的习惯不容他放过任何的哪怕微小到不能再微小的细节。(当代/口语)

③这里有众多的投资机会,所以我不会放过亚洲的发展时机。(当代/史传)

上述例句中,"放"所涉及的主体对象分别是"他"和"我",均是人。客体对象分别是"缝隙""细节"和"发展时机",均是非人,但在形式角

色方面均具有［＋难以发现］的语义，在例①和例②中还通过该客体的形式角色描写"连能藏进一只蚂蚁的""任何的哪怕微小到不能再微小的"来凸显其［＋难以发现］的语义。上述主体和客体之间也不存在实际的接触，而是情感态度方面的关联。另外，在上述例句中，当受事是［人］类的对象时，"放"前面均增加了否定词"不/没"。否定词、客体对象描写的增加，凸显了"放"的实施在方式较为特殊，即在情感态度方面，某人对于难以发现的某事件认真的态度。

综上，当"放"所涉及的结果论元是"过"时，"放"实施后，主体与客体对象的关系也从相关变为了分离，该结果义项四相似，因此由具体动作域扩展到了情感态度域。该结果与客体建议凸显客体的形式角色、目的、方式论元，将该义项描写为义项五：对某人的行为或某件事情不计较。a）用于人：～他一马 | 他是初次犯错，～了他吧 | 这次我～过你，下次可没那么好说话了 | 这次就～了我吧，下回我再也不敢了。b）用于事情：不～过任何细节 | 没～过一个缝隙。

六、义项六：花开

在动词"放"平衡语料库中，该义项的语料共 96 条，占 0.96%，例句如下。

①铺满荷叶的小池塘里，一朵朵荷花含苞欲放。（当代/报刊/新华社）

②两行水仙花和一丛丛像花裙子般纷披满地的黄茉莉在那里竞相怒放。（当代/翻译作品/文学）

③路边一朵深红色的鲜花正自盛放，直有碗口来大。（当代/文学）

上述例句中，"放"所描述的主体对象分别为"荷花""水仙花和黄茉莉""鲜花"，均为"花"。当"放"实施时，花朵由花苞的状态打开，形式上的变化与手由握紧的状态到松开相似，因为变化过程相似，因此由手部动作域扩展到了花朵开放域。

根据上述分析，基于以下理据创建其意象图示：（1）动作"放"发生后，各对象的形式角色特征和关系发生了变化，因此用"→"来体现这一改变，其中，"→"左侧是源点图示，右侧是终点图示；（2）在源点图示中，存在一个主体花朵，用 A 表示；（3）在终点图示中，动作"放"发生后，主体 A 之间的形态发生了变化，由紧闭的状态到绽放开的状态。其表现如图 3-7 所示。

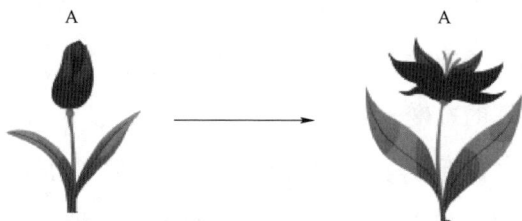

图 3-7　动词"放"义项六的意象图示

综上，建议凸显该义项中的主体对象，将该义项描述为义项六花开。绽～|怒～|含苞待～|盛～的牡丹|一花独～不是春，百花齐～春满园。

七、义项七：不按照规范约束行为活动

在动词"放"平衡语料库中，该义项共有 349 条，占 3.5%。例句如下。

①甚至有的老人过分放纵自己，嗜烟贪酒，娱乐无度，饮食无常……（当代/应用文/健康养生）

②爸爸不在，你就放肆起来。（当代/应用文/议论文）

③（家长）放任孩子们整天泡在电子游艺室里。（当代/报刊/人民日报）

上述例句中，"放"所涉及的主体对象人别是"老人""你"和"家长"，均是人。客体对象分别是"自己"和"孩子"，主要是人，但是通过上下文"嗜烟贪酒，娱乐无度，饮食无常……""爸爸不在"和"整天泡在电子游艺室里"可知，其客体对象实际应该是人的行为和动作，在语料库中，还出现"言论放荡""行为放肆"等。在例①中，还增加了方式论元"过分"。

①他这是头一次对她如此大胆放肆。（当代/翻译作品/文学）

②湖阳公主不该放纵家奴犯法杀人。（当代/应用文/社会科学）

上述例句中，为了凸显"放"的行为超过了一定的限度，在例①中增

加了方式论元"大胆",例②中下文里提示了"放纵"行为的具体内容是"犯法杀人"。结合上下文,可知当"放"实施时,人的行为活动作不受约束,行为活动的幅度、程度突破了某种规范的限制。

根据上述分析,基于以下理据创建其意象图示:(1)动作"放"发生后,各对象的位置发生了变化,因此用"→"来体现这一改变,其中,"→"左侧是源点图示,右侧是终点图示;(2)在源点图示中,存在一个客体人,用 P 来表示;同时,还存在一个处所,用 L 表示;(3)在终点图示中,动作"放"发生后,客体 P 的状态发生了变化,突破处所 L 的限制。其表现如图 3-8 所示。

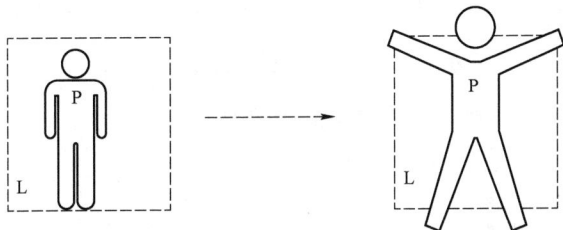

图 3-8 动词"放"义项七的意象图示

综上,建议凸显该义项中的受事对象的状态变化和处所的功用角色,将该义项描写为义项七:不按照规范约束行为活动。~纵|奔~|豪~|~肆|~歌|~声大哭。

八、义项八:在一定时间停止工作或学习

在动词"放"平衡语料库中,该义项的语料共 120 条,占 1.2%,例句如下。

①他宣布全村放假一个月。(当代/报刊/1994 年报刊精选)

②学生是早上八点上学,下午四五点钟放学。(当代/史传)

③对面的一幢六层楼房是犹太人裁缝工场,每晚十一点放工。(当代/翻译作品/文学)

上述例句中,动作"放"所涉及的施事对象是"他""学校"和"工场",

前者是人，后两者是由人组成的集体，三者均具有［＋主动］的语义特征。受事对象分别为"全村""学生"和"工人"，均为人，且都是具有某种特定的身份，承担一定职责的人，如村民们要做工、学生要学习、工人要上班。上述例句中，均增加了时间对象，分别为"一个月""四五点钟"和"每晚十一点"。当动作"放"实施时，上述受事对象在相应的时间范围内获得了自由，行动不受限制。

根据上述分析，基于以下理据创建其意象图示：（1）动作"放"发生后，各对象的位置发生了变化，因此用"→"来体现这一改变，其中，"→"左侧是源点图示，右侧是终点图示，在转变过程中，时间因素被凸显；（2）在源点图示中，存在一个客体人，用 P 来表示，同时，还存在一个处所，用 L 表示；（3）在终点图示中，动作"放"发生后，客体 P 的状态发生了变化，突破处所 L 的限制。其表现如图 3-9 所示。

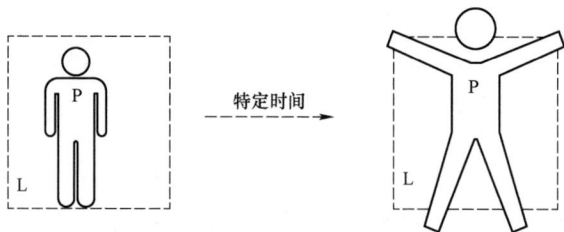

图 3-9　动词"放"义项八的意象图示

因此，建议凸显该义项中的受事对象的状态和时间范围，将该义项描写为义项八：在一定时间停止工作或学习。～学｜～假｜～工｜国庆节～了一周的假｜你几点～学？

九、义项九：通过电视、录音机、电影等播出电视、电影和音乐

在动词"放"平衡语料库中，该义项的语料共 258 条，占 2.59%，例句如下。

①那时有电影队，各村轮流放影片。（当代/报刊/人民日报）

②机器人打开录像机，开始放录像。（当代/报刊/新华社）

③（你）在准备晚餐、支付账单或是洗衣服时也放一些自己喜欢的音乐。（当代/应用文/健康养生）

在上述例句中，"放"所涉及的施事对象分别为"电影队""机器人"和"你"，"电影队"是由人组成的集体，"机器人"是由人设计制造，具有一定的执行能力，三者均具有［＋主动］的语义特征。受事对象分别为"影片""录像"和"音乐"，三者均为抽象事物，属于影音类事物，需要由耳朵或眼睛类的感官器官去接收和感受。其中听觉＋视觉类的受事共例 144 例，听觉类的受事共 97 例，视觉类的受事共 14 例。

上述影音类事物的出现常需要借助一定的工具，因此部分语料中，还增加了工具对象，共 76 例。例句如下。

①跳舞只用录音机放乐伴奏。（当代/报刊/读者）

②弧形巨大银幕上的画面是由三架放映机放映出来的。（当代/翻译作品/文学）

③上课时，教学内容由光盘放出，声音、图像俱佳。（当代/报刊/人民日报）

上述例句中，"放"所涉及的受事对象分别为"音乐""画面""教学内容（声音、图像）"，均属于影音类事物。同时，还通过介词"用"和"由"增加了工具对象，分别为"录音机""放映机"和"光盘"，当动作"放"实施时，这些受事对象通过录音机、放音机、光盘等设备中被放出，被眼睛或耳朵接收到。在动作"放"实施前，该类受事对象储存在磁带、录像带等介质中，人们无法直接感受到，当"放"实施后，声音、图像等通过录音机、放映机等设备展示或呈现出来，可以被看到或听到，即受事对象由不可感知的状态变为了可感知的状态，该状态转变的过程与人或动物类受事对象被从限定的范围中释放出来相似，因此从释放动物域扩大到声音、画面播放域。

根据上述分析，基于以下理据创建其意象图示：（1）动作"放"发生后，各对象的位置发生了变化，因此用"→"来体现这一改变，其中，"→"左侧是源点图示，右侧是终点图示，在转变过程中，工具对象被凸显，用；（2）在源点图示中，存在一个客体（听觉＋视觉类受事为例），用 P 来表示；（3）在终点图示中，动作"放"发生后，客体 P 的状态发生了变化，通过工具对象被听觉器官和视觉器官接收。其表现如图 3-10 所示。

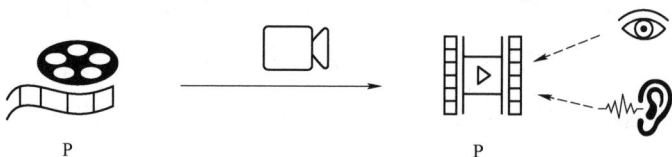

图 3-10　动词"放"义项九的意象图示

因此，"放"由肢体动作域扩展到了影音设备操控域。因此，建议凸显该义项中的受事对象的状态和时间范围，将该义项描写为义项九：通过电视、录音机、电影等播出电视、电影和音乐。～映 | 播放 | ～电影 | ～音乐 | 电视台正在～他的讲话 | 教师使用多媒体设备播～教学内容。

十、义项十：点燃

在动词"放"平衡语料库中，该义项的语料共 116 条，占 1.16%，例句如下。

①大连市民可以尽情地<u>放</u>爆竹<u>放</u>花。（当代/报刊/新华社）

②项羽曾<u>放</u>火烧过秦陵。（当代/史传）

上述例句中，"放"所涉及的主体对象分别是"大连市民""项羽"和"矿工们"，均是人。客体对象分别为"爆竹""（烟）花"和"火"，该类客体在施成角色方面均具有"点燃"的语义特征。其中，客体对象为"火"的共 73 例，"鞭炮"的共 27 例，"烟花"的共 14 例，"烟花和鞭炮"的共 1 例。当动作"放"实施时，该类客体被人点燃，制造出火光，被人们的耳朵和眼睛接收到。因此，释放的对象范围由人扩大到了可燃放类。

据上述分析，基于以下理据创建其意象图示：（1）动作"放"发生后，各对象的状态发生了变化，因此用"→"来体现这一改变，其中，"→"左侧是初始图示，右侧是终结图示；（2）在初始图示中，存在客体对象 P；（3）在终结图示中，客体对象 P 的状态为被点燃。其表现如图 3-11 所示。

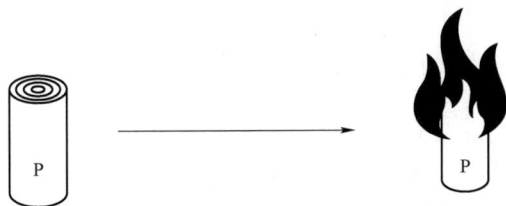

图 3-11　动词"放"义项十的意象图示

因此，建议凸显该义项中客体对象的施成角色，将该义项描写为义项十：点燃。～火|燃～|～爆竹|～烟花|～鞭炮迎财神|是谁～的火？

十一、义项十一：向着一定的方向射出枪弹、炮弹、箭等武器

在动词"放"平衡语料库中，该义项的语料共 89 条，占 0.89%，例句如下。

①假使有人能用左轮手枪从外面对准窗口放一枪。（当代/翻译作品/文学）

②许多魏国士兵躲在盾牌后，向城头拉弓放箭。（当代/电视电影/文艺）

③后金缴获的明军大炮、鸟铳等火器，自己不会放，想收降朝鲜兵卒，为后金军当炮手。（当代/史传）

上述例句中，"放"所涉及的主体对象分别为"某人""魏国士兵""后金（军人）"，均为人，客体对象分别为"枪""箭"和"大炮、鸟铳等火器"，均为武器。同时，例①中还增加了源点对象"外面"，方向对象"对准窗口"和工具对象"左轮手枪"，即当"放"实施时，左轮手枪里的子弹被某个人从枪里射出，子弹从外面向窗口方面运动；例②中增加了方向对象"向城头"，工具对象"弓"。即当动作"放"实施时，箭、子弹等客体被向着某个方向射出。在语料库中，其中客体为"枪弹/炮弹"类的共 58 例、"箭/矢"类 25 例、"暗器"类 3 例。

据上述分析，基于以下理据创建其意象图示：（1）动作"放"发生后，各对象的位置发生了变化，因此用"→"来体现这一改变，其中，"→"左侧是源点图示，右侧是终点图示；（2）在源点图示中，存在工具对象 I（以"枪"图示为例），和客体 P（以"子弹"图示为例）；（3）终点图示中，客体 P 朝着某个方向被发射。其表现如图 3-12 所示。

图 3-12　动词"放"义项十一的意象图示

因此，建议凸显该义项中客体对象的功用角色和方向，将该义项描写为义项十一：向着一定的方向射出枪弹、炮弹、箭等武器。～箭｜～枪｜～暗器｜有的～矢｜猎人向着树上～了几枪。

十二、义项十二：使液体或气体排出

在动词"放"平衡语料库中，该义项的语料共 212 条，占 2.12%，例句如下。

①袁应泰立即采取应急措施，下令打开闸门，把太子河水放入护城壕。（当代/史传）

②（妇人李氏）给人用碎瓷片放放血。（现代/文学）

③我的肚子早让凉气涨成了一个大皮球，那要放好多好多的屁，才能把一肚子的凉气放出来呢。（当代/报刊/作家文摘）

上述例句中，"放"所涉及的主体对象分别是"某人""妇人李氏"和"我"。客体对象分别是"河水""血"和"凉气"，前二者是属于液体，后者属于气体，虽然属于不同的事物类别，但三者在形式角色方面均具有较强的［+流动性］的语义特点。处所空间分别为"太子河内""血管内"和"肚子里"。例①和例③中还增加了结果论元分别为"入护城壕""放出来"。当动作"放"实施时，具有较强流动性的气体或液体从某个空间中移动出来，其结果与人或动物被释放的结果相似，因此从固体域扩大到了气体和液体域。在语料库中，客体对象为气体的共 136 例，为液体的共 62 例。

根据上述分析，基于以下理据创建其意象图示：（1）动作"放"发生后，各对象的位置发生了变化，因此用"→"来体现这一改变，其中，"→"左侧是源点图示，右侧是终点图示；（2）在源点图示中，存在具有 [+ 流动性] 的客体，用 P 来表示；同时，还存在一个处所，用 L 表示；（3）在终点图示中，动作"放"发生后，客体 P 的状态发生了变化，突破处所 L 的限制。其表现如图 3-13 所示。

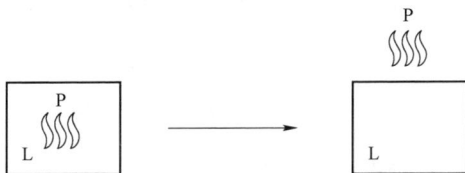

图 3-13　动词"放"义项十二的意象图示

因此，建议凸显该义项中客体的施成角色，将该义项描写为义项十二：使液体或气体排出。～血 | ～屁 | 开闸～水 | 洗澡水还能冲马桶，～掉了怪可惜 | 自行车的轮胎被谁～了气 | 这种炮弹爆炸时会～出有毒气体。

十三、义项十三：从内部发出光、电、热、气味等

在动词"放"平衡语料库中，该义项的语料共 370 条，占 3.71%，例句如下。

①不经一番冰霜苦，怎得梅花放清香？（当代/史传）

②一次电池放完电后不能再用的电池称为一次电池。（当代/CWAC）

③温泉的成因是由于泉源靠近火山，或者由于泉中所含矿物放出热量。（当代/应用文/词典）

④新增设的钠灯、彩灯和高杆灯齐放光明。（当代/报刊/人民日报）

上述例句中，"放"所涉及的主体对象为"梅花""电池""矿物"和"钠灯、矿物、彩灯和高杆灯"，不具备 [+ 主动] 的语义特征。客体对象为"清香""电""热量"和"光明"，从形式角色特征来看，上述客体差异较大，

但从构成角色来看，客体是主体的一部分，即"清香"是"梅花"的构成角色，"电"是"电池"的构成角色，"热量"是矿物质的构成角色，"光明"是"灯"的构成角色。当动作"放"实施时，作为主体一部分的客体从主体中被释放出来，其结果与人或动物从某个空间内释放出相似，因此从固体域扩大到了内部成分域。在语料库中，客体对象为"电磁波"类的共124例，"光"类的90例，"能量"类56例，"元素物质"类43例，"电"类30例，"气味"类10例等。

根据上述分析，基于以下理据创建其意象图示：（1）动作"放"发生后，各对象的位置发生了变化，因此用"→"来体现这一改变，其中，"→"左侧是源点图示，右侧是终点图示；（2）在源点图示中，存在具有由多个元素构成的主体A，其中的元素分别表示为P_1、P_2等；（3）在终点图示中，动作"放"发生后，客体P_1的状态发生了变化，从主体A内部移动到了外部。其表现如图3-14所示。

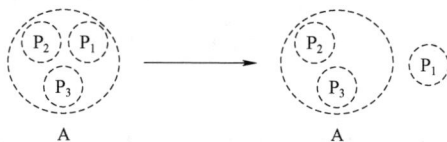

图3-14　动词"放"义项十三的意象图示

因此，建议凸显该义项中客体的施成角色，将该义项描写为义项十三：从内部发出光、电、热、气味等。～电|～热|～光|～疗|～射性元素|天上的星星～光明|玫瑰随风～出清香|小铁片可以持续～热1～3个小时。

十四、义项十四：把消息说出来或透露出去，让大家知道

在动词"放"平衡语料库中，该义项共40例，占0.4%，例句如下。

①马许还放话说当天晚上就可以回到菜丁了了。（当代/翻译作品/文学）

②那汪永富一直在外面放风声，说是我们家的房子留得太多。（当代/文学）

③布加勒斯特迪纳摩俱乐部主教练伊万·安东 8 日<u>放</u>出消息说,该俱乐部已经确定让穆图随队训练。(当代/报刊/新华社)

上述例句中,"放"所涉及的主体对象分别为"马许""汪永富"和"伊万·安东",均是人。客体对象分别为"话""风声"和"消息",三者在施成角色方面均具有[+说]的语义特征。当"放"实施时,主体对象说话,传递信息,即话语或信息从人体内部向外部转移,与人或动物被释放相似,因此从固体域扩展到了信息传递域。其表现如图 3-15 所示。

图 3-15 动词"放"义项十四的意象图示

因此,建议凸显该义项中客体的施成角色,将该义项描写为义项十四:把消息说出来或透露出去,让大家知道。~言|大~厥词|~狠话|~出消息|他~出话来,要来找我算账。

十五、义项十五:使处在一定的位置

韩金池在《动词"放"的认知语言学研究》一文中,按照《现汉》中确定每一个作为动词出现的"放"的意义,经过统计整理 CCL 语料库、BBC 语料库中文学作品 2 067 条语料后,指出:"使处于一定位置,放置,安放"在所有"放"的动词义项中出现的次数最多,出现频率占一半以上。根据笔者的统计,在动词"放"平衡语料库中,表"放置"义的语料共 3 791 条,占 37.99%,是所有义项中占比最高的,该结论与韩金池的统计结果基本一致。

袁毓林认为"放"是二元三位三项三联动词,其能关联的三个从属成分为施事、受事和处所,描写为 V:{A,P,L},配价实例如下。

放：　　妈在衣柜里～了一些樟脑　　钳子你～哪儿了？

　　　　我把樟脑全～衣柜里了　　樟脑被我全～衣柜里了

　　　　饭桌～这儿吧　　　　　　衣柜里～了一些樟脑

根据上述分析，基于以下理据创建其意象图示：（1）动作"放"发生后，各对象的位置发生了变化，因此用"→"来体现这一改变，其中，"→"左侧是源点图示，右侧是终点图示；（2）在源点图示中，存在一个客体，用 P 来表示；同时，还存在一个处所，用 L_1 表示；（3）在终点图示中，动作"放"发生后，客体 P 的位置发生了变化，移动到了处所 L_2 处。其表现如图 3-16 所示。

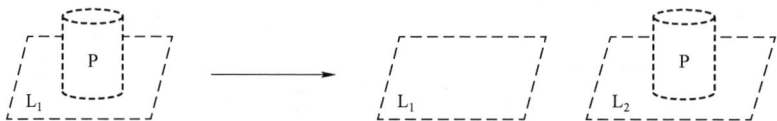

图 3-16　动词"放"义项十五的意象图示

根据"放"受事对象的形式角色的不同，主要将该义项区分为 4 个子义项，分别为：a）用于物品；b）用于人；c）用于文字、资料、数据等；d）用于抽象事物。

a）用于物品。～置|摆～|乱～|～满|把书放在桌子上|桌子上放着一本书|书被他～在桌子上。

在语料库中，该义项共有 2 488 条，占 24.93%，例句如下。

①他用左手从兜里掏出一把糖来<u>放</u>到桌子上。（当代/口语）

②她把香水瓶拿起来<u>放</u>进了随身带的小包里。（当代/报刊/故事会）

③仙女爱不释手，把果子<u>放</u>入口中。（当代/网络语料）

例①中，动作"放"所涉及的施事对象是"他"，受事对象是"一把糖"，工具对象是"手"，处所对象中源点是"手里"，终点是"桌子上"；例②中，动作"放"所关涉的施事对象是"她"，受事对象是"香水瓶"，处所对象中源点是"桌子上"，终点是"小包里"，虽未说明工具对象，但从"拿"可以判断，工具为"手"。例③中，动作"放"所关涉的施事对象是"仙女"，受事对象是"果子",终点是"口中",虽未说明源点和工具对象,但从"爱不释手"可以判断,源点是手中,工具为"手"。从上述分析,动作"放"所关涉的施事对象均为人,且承担动作的主要器官为"手",受事对象均为具体的有形物,源点和终点也为具体的空间,当动作"放"实施后,受事对象被施事对象用手从源点位置移动到了终点位置,即动作"放"是一个使物体从某个位置移动到另一个位置的手部动作。

但在语料库中,主体除了人,还可以是以人为单位构成的集体,如公司、学校等。例句如下。

①人人网在停车位上放置宝马的广告。(当代/CWAC)

②到台湾参加金马奖,新艺城公司就决定把我放在周润发旁边,和他一块过去。(当代/口语)

上述例句中,"放"所关涉的施事对象是"人人网"和"新艺城公司",虽然不是人,但其是由人构成的集体,具有[+主动]的语义特征。其所关涉的受事对象分别是"广告(牌)""我",处所对象分别是"停车位上""周润发旁边",受事对象和处所对象均为具体的事物和空间。在上述例句中,"放"的施事对象扩大了,但仍是表示把某具体的事物移动到某个具体的位置。

因此,建议凸显受事的形式角色,将该义项描写为义项十五:使处在一定的位置。a)用于物品:～置|摆～|乱～|～满|把书放在桌子上|桌子上放着一本书|书被他～在桌子上。

b)用于人。把他～在某个岗位上:～哨||公司把他～到销售部。

在语料库中,该义项共有 112 条,占 1.12%,例句如下。

①但从老板和员工来说,都没有把中层放到一个重要的地位上。(当代/口语)

②我们根据不同人的特点、脾气,把他们放在不同的位置。(当代/报刊/1994 年报刊精选)

③现有的一些科研机构和大学里增设一些专业,把这些人放在里面。(当代/应用文/议论文)

上述例句中，"放"所涉及的施事对象分别是"老板和员工""我们""科研机构和大学"，前两者为人，后者是由人构成的集体，均具有［＋主动］的语义特征。其所涉及的受事对象分别是"中层""他们"和"这些人"，均为具体的人。处所对象分别为"重要的地位""不同的位置上""专业里面"，均属于抽象的空间。当动作"放"实施后，并不是把这些人的身体移动到某个位置，而是将这些人放到某个岗位或位置发挥其功用，让其承担某类任务或职责。即当受事对象为人，处所对象为抽象空间时，人的功用角色"承担职责"被凸显出来。由于结果相似，"放"从肢体动作域转变为人事安排域。

因此，建议凸显受事的形式角色，将该义项描写为义项十五：使处在一定的位置。b）用于人。把他～在某个岗位上：～哨‖公司把他～到销售部。

c）用于文字、资料、数据等。广告投～｜把这段话～到开头儿｜把图片～进文本框内｜报告中～的数据太少了。

在语料库中，该义项共有 142 条，占 1.42%，例句如下。

①（仪征市中医院）把我写的许叔微的故事都放在院报上刊载。（当代/口语）

②我们就把建外 SOHO 销售的有关数据放在我们公司的网站上。（当代/网络语料）

③将文字放在电脑屏幕上的任何位置。（当代/报刊/新华社）

上述例句中，"放"所涉及的施事对象分别为"医院""我们"和"电脑使用者"，均具有［＋主动］的语义特征。所涉及的受事对象分别为"故事""数据""文字"，在形式角色特征方面的共性特征不同，在构成角色方面具有由文字或数字构成的共性特征。所涉及的处所空间分别为"院报上""网站上""电脑屏幕上"，上述空间的平面特征较为明显。当动作"放"实施后，上述由文字或数字构成的事物，出现在报纸、书本或网站等平面空间上。由于结果相似，"放"由肢体动作域转变为了文字数据处理域。

因此，建议凸显受事的形式角色，将该义项描写为义项十五：使处在一定的位置。c）用于文字、资料、数据等。广告投～|把这段话～到开头儿|把图片～进文本框内|报告中～的数据太少了。

d）用于抽象事物。把经济建设～在首位|把精力～到学习上|这件事他一直没～在心上。

在语料库中，该义项共有 1 049 条，占 10.51%，例句如下。

①（你们）用不着从外面把仁义放入我心里。（当代/报刊/新华社）

②孔祥熙夫妇从日本回到太谷后，主要精力放在增设大学预科方面。（当代/史传）

③老葛开始真正把心放在操持店里的生意上。（当代/报刊/故事会）

上述例句中，"放"所涉及的施事对象分别为"你们""孔祥熙夫妇"和"老葛"，均为人。其所关涉的受事对象分别为"仁义""精力"和"心"，前两者均为抽象事物，后者虽为具体的身体的器官，但从上下文可知，其凸显的是"心"的功用角色"想事情"，实际上指的是"心思"，同样属于抽象事物。处所空间分别为"心里""增设大学预科方面（的事物）""生意"，均属于抽象空间。当动作"放"实施后，上述受事对象被主体投入到了某个事件中。由于结果相似，"放"由肢体动作域转变为了事件处置域。

因此，建议凸显受事的形式角色，将该义项描写为义项十五：使处在一定的位置。d）用于抽象事物。把经济建设～在首位|把精力～到学习上|这件事他一直没～在心上。

综上，将凸显该义项中受事的形式角色，将该义项描写为义项十五：使处在一定的位置。a）用于物品。～置|摆～|乱～|～满|把书放在桌子上|桌子上放着一本书|书被他～在桌子上。b）用于人。把他～在某个岗位上：～哨|公司把他～到销售部。c）用于文字、资料、数据等。广告投～|把这段话～到开头儿|把图片～进文本框内|报告中～的数据太少了。d）用于抽象事物。把经济建设～在首位|把精力～到学习上|这件事他一直没～在心上。

十六、义项十六：将调料或配料加进去

在动词"放"平衡语料库中，该义项的语料共 101 条，占 1.01%，例句如下。

①有一次我给主席烧菜，盐放多了，咸了。（当代/报刊/作家文摘）

②锅内留适量油，放入泡辣椒、姜、蒜茸、葱粒（一部分）、醪糟汁等炒出香味，再依次放入料酒、酱油、红酱油、上汤等，将汤汁搅匀淹至鱼身，改用中火烧至汤汁滚后，放泡青菜丝、翻面，烧约 10 分钟，待鱼入味后装碟，再放醋、葱花于锅内搅匀，随即下生粉水勾芡，淋于鱼身上面即可。（当代/应用文/菜谱）

上述例句中，"放"所涉及的主体对象均为人，客体对象分别为"盐""泡辣椒""姜""蒜茸""葱粒（一部分）""醪糟汁""料酒""酱油""红酱油""上汤""泡青菜丝""醋""葱花"，均属于调料和配料。处所对象均为"菜"或"锅里"。当"放"实施时，这些调料和配料被从调料瓶或菜板上移动到了锅里，和其他调料、配料、主料一起构成了一道菜。由于发生了位置移动，过程上具有相似性。

根据上述分析，基于以下理据创建其意象图示：（1）动作"放"发生后，各对象的位置发生了变化，因此用"→"来体现这一改变，其中，"→"左侧是源点图示，右侧是终点图示；（2）在源点图示中，存在一个客体，用 P 来表示，同时，还存在一个处所，用 L_1 表示；（3）在终点图示中，动作"放"发生后，客体 P 的位置发生了变化，移动到了处所 L_2 处，并与存在 L2 中的其他对象（X_1、X_2 等）构成一个整体 X。其表现如图 3-17 所示。

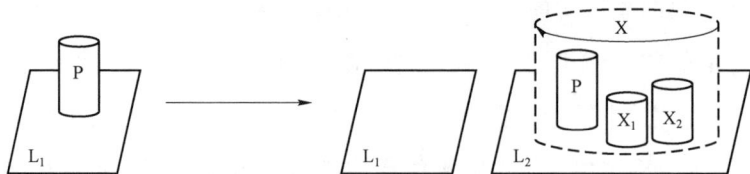

图 3-17 动词"放"义项十六的意象图示

因此，建议凸显该义项中客体的形式角色和结果，将该义项描写为义

项十六：将调料或配料加进去。菜里～过盐了|炖肉要～一点儿料酒|咖啡里～不～糖？|肉馅儿里～一点儿姜|炒菜时油别～得太多。

十七、义项十七：把钱、物等发给特定的需要的人

在动词"放"平衡语料库中，该义项的语料共 116 条，占 1.16%，例句如下。

①（他）放粮放钱不过只是延长贫民的受苦难的日期，而不足以阻拦住死亡。（现代/文学）

②你不得已才只好将自家仓中的粮食拿出两百多石放赈。（当代/文学）

③有的（救护船）向灾民发放大米、饼干等粮食。（当代/报刊/人民日报/）

上述例句中，"放"所涉及的施事对象分别为"他""你"和"救护船"，其中前两者为人，后者为载人的工具，三者均具有［＋主动］的语义特征。受事对象分别为"粮""钱""赈""大米""饼干"等，形式角色方面的共性特征不多，但在功用角色方面［＋必需］的语义特征较为明显。其中，受事对象为"钱"类的共 48 例，"证"类的共 36 例，"物资"类的共 26 例。同时，在例①和例③中还增加了与事对象，分别为"贫民"或"灾民"，二者均为人，且在构成角色方面［＋有需求］的语义特征较为明显。当动作"放"实施时，上述施事对象将钱、粮食等必需物资转移给了有需求的与事对象，即钱或粮食等从某个施事对象处移动到了其他地方。因为钱或粮食的位置移动结果与"放"其他事物时相同，因此，"放"从肢体动作域扩展到了物资发放域。

据上述分析，基于以下理据创建其意象图示：（1）动作"放"发生后，各对象的位置发生了变化，因此用"→"来体现这一改变，其中，"→"左侧是源点图示，右侧是终点图示；（2）在源点图示中，存在客体 P（"钱"类受事为例）和源点 L；（3）在终点图示中，动作"放"发生后，客体 P 的从源点 L 转移到［＋有需求］的与事对象 D 处。其表现如图 3-18 所示。

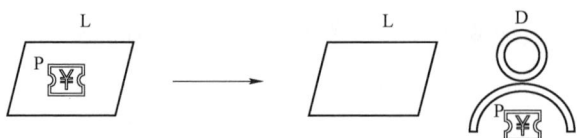

图 3-18　动词"放"义项十七的意象图示

因此，建议凸显该义项中的受事和与事对象，将该义项描写为义项十六：把钱、物等发给特定的需要的人。发～|～赈|～粮|救灾物资已经陆续发～到灾民手中|向难民划来的小船，散～馒头|政府按照规定发～补助金。

十八、义项十八：把钱借给别人并收取利息

在动词"放"平衡语料库中，该义项的语料共 75 条，占 0.75%，例句如下。

①公元前三世纪初期德洛斯的亚波罗神寺以 10%的利息<u>放</u>债。（当代/翻译作品/应用文）

②农行又及时<u>放贷</u> 172 万元。（当代/报刊/人民日报）

③他自己也<u>放</u>印子钱，怎么我<u>放</u>的债就让乡下人白赖呢！（现代/文学）

上述例句中，"放"所涉及的施事对象分别为"神寺""农行"和"他"，前二者均为由人构成的集体，后者为人，三者均具有［＋主动］的语义特征。受事对象分别为"债""贷"和"印子钱"，三者均属于钱，且在功用角色方面均具有［＋可获取收益］的语义特征。在例①中，还增加了方式对象"以 10%的利息"，凸显出"放"的目的就是为了获取利息。当动作"放"实施时，上述施事对象为了获取收益，将钱给了其他人，即钱从某个施事对象处移动到了其他地方，因为钱位置的移动结果与"放"其他事物时相同，因此，"放"从肢体动作域扩展到了金钱交易域。

根据上述分析，基于以下理据创建其意象图示：（1）动作"放"发生后，各对象的位置发生了变化，因此用"→"来体现这一改变，其中，"→"左侧是源点图示，右侧是终点图示，在转变过程中，目的论元被凸显；（2）在源点图示中，存在客体——钱 P 和源点 L_1；（3）在终点图示中，动作"放"

发生后，客体 P 的从源点 L_1 转移到终点 L_2 处。其表现如图 3-19 所示。

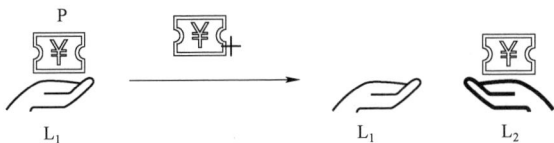

图 3-19 动词"放"义项十八的意象图示

因此，建议凸显该义项中的受事对象和目的论元，将该义项描写为义项十八：把钱借给别人并收取利息。～贷|～债|～印子钱|银行按照 4.5‰ 的利息来发～贷款|对于中小企业的贷款，要应～就～。

十九、义项十九：比喻把权利交给下级，不再把持

在动词"放"平衡语料库中，该义项的语料共 38 条，占 0.04%，例句如下。

①（国有商业部门）对偏小网点完全可以放给个体经营。（当代/报刊/1994 年报刊精选）

②中央政府通过财政分权化改革将一些权利下放给地方政府。（当代/CWAC）

③他并没有采纳这些建议，而是把日常事务的决定权下放给了各公司的总裁。（当代/史传）

上述例句中，"放"的施事对象分别为"国有商业部门""中央政府"和"他"，前两者是由人组成的集体，三者均具有［＋主动］的语义特征。而与事对象分别为"个体经营""地方政府"和"各公司的总裁"，与事对象与施事对象属于下级和上级的关系。客体对象分别为"偏小网点（的经营）""权力""日常事物的决定权"，三者均属于一定的管理职能或权力。放置过程不仅是放物位置的变化，还可以是移位导致该物落入某人掌控之中。换言之，放置使移事件延伸出使有事件的概念内容。当动作"放"实施时，施事对象将某一类权力或管理职责赋予了与事对象，与事通常是施事的下级。当动作"放"实施时，上述施事对象将权力转移给了下级的与

事对象，即：权力从某个施事对象处移动到了其他地方。因为权力的移动结果与"放"其他事物时相同，因此，"放"从肢体动作域扩展到了权力转交域。

根据上述分析，基于以下理据创建其意象图示：（1）动作"放"发生后，各对象的位置发生了变化，因此用"→"来体现这一改变，其中，"→"左侧是源点图示，右侧是终点图示；（2）在源点图示中，存在施事 A 和与事 D_1、D_2，A 与 D_1、D_2 是上下级关系，同时还存在客体 P "某种权力"（用"皇冠"的图标表示）；（3）在终点图示中，动作"放"发生后，客体 P 的从施事 A 处转移到下级的与事对象 D_1 处。其表现如图 3-20 所示。

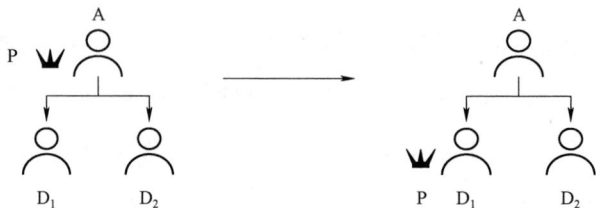

图 3-20　动词"放"义项⑲的意象图示

因此，建议凸显该义项中实施和与事的关系、客体的形式特征，将该义项描写为义项十九：比喻把权利交给下级，不再把持。～权 | 管理者要学会抓大～小 | 老厂长大事小事都把着不～。

二十、义项二十：暂时保存或保留起来

在动词"放"平衡语料库中，该义项的语料共 85 条，占 0.85%。

a）用于钱：把钱～在银行里比较放心。

动词"放"平衡语料库中，该义项的语料共 12 例，占 0.12%，例句如下。

①刘德华：我觉得钱放在那里是没用的，你要用才是你的钱。（当代/口语）

②这笔钱放在公司里，以后按 30% 的年利率结算。（当代/报刊/人民日报）

③这 20 万一分也不能用，先放起来。（当代/报刊/1994 年报刊精选）

上述例句中，主体对象均是人，客体对象均是钱，处所对象分别是"那里""公司里""家里"。例①和例③的上下文中均敲掉了"用"，"用"和"放"是两种状态。例②中，"放"的目的是"以后按 30% 的年利率结算"。当"放"实施时，表示把这些钱保存在某个地方，不花。

b）用于物品：这本书先~起来，等有空再看 | 先电脑先~着，用的时候再开包装 | 这个盒子别扔，先~起来，以后一定用得着。

动词"放"平衡语料库中，该义项的语料共 68 例，占 0.68%，例句如下。

①王夜星说，有时候把树根搬回家，怎么看也不成型，一放就是好几年，说不定哪一天，忽然就开悟了，再一打理，作品就成功了。（当代/报刊/新华社）

②刀是好刀，只是放久了，有些锈气。（当代/文学）

③于明祥去逝后，这双鞋他舍不得穿，放起来作个永久的纪念。（当代/报刊/1994 年报刊精选）

上述例句中，"放"所涉及的主体对象分别是"王夜星""某人""他"，客体对象分别是"树根""刀"和"鞋子"，均为物品，在功用角色方面均具有"使用"的语义特征。例①和例②中还增加了时间对象分别是"好几年""久"。例③中增加了目的"做个永久纪念"。当"放"实施时，表示把这些东西保存在某个地方，不去使用。

c）用于食物：苹果都~坏了 | 米~久了容易出虫 | 这种水果~过三天就变味儿了 | 天气热，牛奶~不住 | 西瓜已经熟透了，不能~ | 水有点儿烫，得~一~再喝。

动词"放"平衡语料库中，该义项的语料共 5 例，占 0.04%，例句如下。

①食用油，最好吃新鲜油，油放久了会走味、变质。（当代/应用文/健康养生）

②干嘛要把豆腐放坏、牛奶放酸、酒做得发苦才去吃喝呢？（当代/报刊/作家文摘）

③眼睁睁地看着咸鲜的咸菜放在冰箱里，一放就是好久。（当代/应用文/

社会科学）

上述例句中，"放"所关涉的主体对象均是人，客体对象分别是"油""豆腐""牛奶"和"咸菜"，均是食品类，功用角色中均含有"食用"的语义特征。结果论元分别为"久""坏""酸""就是好久"。当"放"实施时，表示把这些事物放起来，暂时不吃。

根据上述分析，基于以下理据创建其意象图示：（1）动作"放"发生后，各关涉对象的位置发生了变化，因此用"→"来体现这一改变，其中，"→"左侧是源点图示，右侧是终点图示；（2）在源点图示中，存在客体 P 和处所 L，P 不在处所 L 处；（3）在过程中，"保留"这一目的得以凸显，标注"暂时保留"来表示转移的目的；（4）在终点图示中，动作"放"发生后，客体 P 的移动到了处所 L 的某个位置。其表现如图 3-21 所示。

图 3-21　动词"放"义项二十的意象图示

因此，建议凸显目的论元和客体的形式角色特征，将该义项描写义项二十：暂时保存或保留起来。a）用于钱：把钱~在银行里比较放心。b）用于物品：这本书先~起来，等有空再看 | 先电脑先~着，用的时候再开包装 | 这个盒子别扔，先~起来，以后一定用得着。c）用于食物：苹果都~坏了 | 米~久了容易出虫 | 这种水果~过三天就变味儿了 | 天气热，牛奶~不住 | 西瓜已经熟透了，不能~ | 水有点儿烫，得~一~再喝。

二十一、义项二十一：不着手做；停止进行；搁置

在动词"放"平衡语料库中，该义项的语料共 50 条，占 0.5%，例句如下。

①这种时候，父母最好把问题放一放，让自己心平气和下来，再对孩子进行批评教育。（当代/应用文/社会科学）

②你先<u>放</u>下手头的事，以太空军政治部为主，也可以到其他军种做些调查，尽快起草一个上报军委的初步方案。（当代/文学）

③（公司）赢利的事情只好再往后<u>放放</u>。（当代/报刊/人民日报）

上述例句中，"放"所涉及的主体对象分别为"父母""你"和"公司"，均具有［＋主动］的语义特征。客体对象分别为"问题""手头的事"和"盈利的事情"，均是事情类。通过上下文中"这种时候""最好""再"和"再往后"等，我们可以知道这类客体对象同时还具有［＋正在］的语义特征。例①中还增加目的论元"让自己心平气下来"，例②中也增加了目的论元"以太空军政治部为主"，同时增加了方式论元"先"，例③中增加了方式论元"再往后"。当"放"实施时，上述［＋正在］的客体对象被放到了一边，暂时不再进行。因结果与"放置"后固定在某个位置相似。

根据上述分析，基于以下理据创建其意象图示：（1）动作"放"发生后，各对象的位置发生了变化，因此用"→"来体现这一改变，其中，"→"左侧是源点图示，右侧是终点图示；（2）在源点图示中，存在客体 P，P 的状态处于正在进行的状态（用手型图示凸显）；（3）在终点图示中，动作"放"发生后，客体 P 的状态变为"暂时不再进行"，正在进行的为事件 X。其表现如图 3-22 所示。

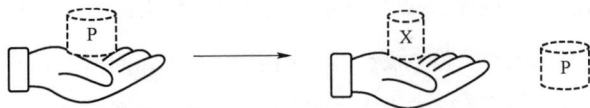

图 3-22 动词"放"义项二十一的意象图示

因此，建议凸显该义项中主体角色，将该义项描写为义项二十一：不着手做；停止进行；搁置。她～不下手里的活儿 | 不要把工作～到最后一刻做 | 这个事儿不着急，先～一～。

二十二、义项二十二：使物体顺水漂流或在空中飘动

在动词"放"平衡语料库中，该义项的语料共 35 条，占 0.35%，例句如下。

①（富兰克林）在雷雨中将一只带有铁丝尖端的丝绸风筝<u>放</u>上了天。（当代/应用文/自然科学）

②程心叠了一只小纸船<u>放</u>进水中。（当代/文学）

③"哥伦比亚"号航空飞机正用它的机械臂把卫星<u>放</u>入太空。（当代/报刊/人民日报）

上述例句中，"放"所关涉的施事对象分别是富兰克林、程心和航空飞机，前两者是人，后者是机器，但是由人操控的机器，三者均具有［＋主动］的语义特征。其所涉及的受事对象分别为风筝、纸船和卫星，均为具体物。在语料库中，客体对象分别为风筝 20 例，船 7 例，气球 4 例，卫星 2 例，火箭 2 例。所涉及的处所对象分别为"天""水中""太空"，该类处所空间内存在气体或液体，能产生一定的浮力，受事对象进入上述处所对象后，其状态并非是固定在其上，而是漂浮其上或其中。当动作"放"实施时，上述受事对象进入空气或水中，并漂浮在其上或其中。

根据上述分析，基于以下理据创建其意象图示：（1）动作"放"发生后，各对象的位置发生了变化，因此用"→"来体现这一改变，其中，"→"左侧是源点图示，右侧是终点图示；（2）在源点图示中，存在一个客体（用出现频率最高的"风筝"图标表示），用 P 来表示；同时，还存在一个处所，用 L_1 表示；（3）在终点图示中，动作"放"发生后，客体 P 的位置发生了变化，移动到了处所 L_2 内。其表现如图 3-23 所示。

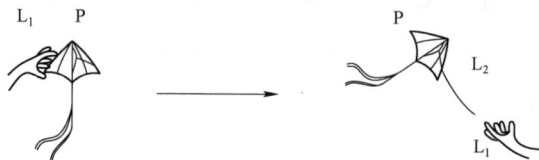

图 3-23 动词"放"义项二十二的意象图示

综上，建议凸显该义项中的客体和处所对象，将该义项描写为义项二十二：使物体顺水漂流或在空中飘动。～风筝｜～纸船｜～河灯｜～卫星｜～飞气球｜公园里有很多人在～灯祈福。

二十三、义项二十三：把直立的东西弄倒；使人躺倒

在动词"放"平衡语料库中，该义项共有12例，占0.12%，例句如下。

①（马永顺）总结出一种人安全、树保险、效率高的放树方法。（当代/报刊/人民日报）

②说罢她一跃扑过去，抢棍想当头放倒亚当。（当代/报刊/读者）

③目前机上的座椅靠背不能完全放倒。（当代/网络语料）

上述例句中，"放"所涉及的主体对象分别为"马永顺""他"和"人"，均为人。客体对象分别为"树""亚当"和"座椅靠背"。在例②和例③中还增加了结果论元"倒"。当"放"实施时，客体对象由直立的状态变为平躺的状态。

根据上述分析，基于以下理据创建其意象图示：（1）动作"放"发生后，各关涉对象的状态发生了变化，因此用"→"来体现这一改变，其中，"→"左侧是源点图示，右侧是终点图示；（2）在源点图示中，存在一个直立状态的客体，用P来表示；（3）在终点图示中，动作"放"发生后，客体P的状态发生了变化，由直立变为"倒"。其表现如图3-24所示。

综上，建议凸显该义项中的客体形式角色的特点和结果，将该义项描写为义项二十三：把直立的东西弄倒；使人躺倒。上山～树｜他一拳把对手～倒在地。

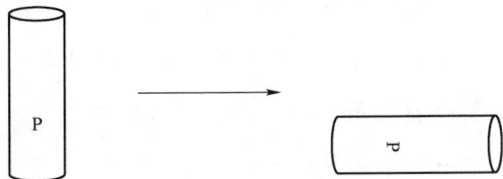

图3-24　动词"放"义项二十三的意象图示

二十四、义项二十四：加大、加长、加宽或范围扩大

在动词"放"平衡语料库中，该义项的语料共 144 条，占 1.44%。可以根据客体对象的形式角色特征分为物体和抽象事物两个子义项。

a）用于物体：～长|～大镜|请把照片～大一点儿|裤腰的部分还需要再～宽 2 寸。

在语料库中，客体为具体物体的例句共 88 例，占 0.88%，例句如下。

①缆绳拉得十分吃力，每隔半小时，门格尔叫人放长一英寸，让它松松劲，唯恐绳索拉断。（当代/翻译作品/文学）

②这张珍藏 35 年的底片不久前被再次发现，它被放大成一幅巨制照片。（当代/报刊/1994 年报刊精选）

上述例句中，"放"所涉及的主体对象均为人。客体对象分别为"缆绳""底片"和"物体的像"，均为具体的事物。同时，均增加了结果论元，分别为"长一英寸"和"大成一幅巨制照片"。

b）用于抽象事物：～宽标准|～大规模|股票市场的成交量逐步～大。

在语料库中，客体为具体物体的例句共 56 例，占 0.56%，例句如下。

①成交量与上个交易日相比放大一倍。（当代/报刊/新华社）

②为了进一步吸引外汇，新的政策把每个国民拥有外汇的限度从 250 卢比放宽到 15 000 卢比，即 500 美元。（当代/报刊/人民日报）

上述例句中，"放"的所涉及的主体对象分别为"投资者"和"新的政策"，两者在形式角色上各不相同，但是政策也是由人制定的，具有一定的[+主动]的语义特征。客体对象分别是"成交量"和"外汇的限度"，均是抽象事物。同时，均增加了结果论元，分别为"大一倍"和"宽到 15 000 卢比"。

上述四个例句中结果论元的增加说明了动作"放"实施后，这些客体对象在尺寸上或范围上有了变化，被加长、加大或加宽了。根据上述分析，基于以下理据创建其意象图示：（1）动作"放"发生后，各对象的状态发生了变化，因此用"→"来体现这一改变，其中，"→"左侧是源点图示，右侧是终点图示；（2）在源点图示中，存在客体 P；（3）在终点图示中，

动作"放"发生后，客体 P 的状态在尺寸和范围上加大、加长或加宽了。其表现如图 3-25 所示。

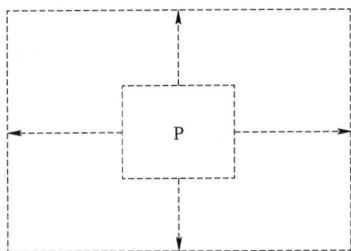

图 3-25　动词"放"义项二十四的意象图示

因此，建议凸显该义项中客体的状态变化角色，将该义项描写为义项二十四：加大、加长、加宽或范围扩大。a）用于物体：～长｜～大镜｜请把照片～大一点儿｜裤腰的部分还需要再～宽 2 寸。b）用于抽象事物：～宽标准｜～大规模｜股票市场的成交量逐步～大。

二十五、义项二十五："放+形容词/动词"，表示调整行动、态度使达到某种状态或合于某种分寸，常与目前的状态相反

在动词"放"平衡语料库中，该义项的语料共 347 条，占 3.47%，例句如下。

①拜托，这都什么年代了，做事情<u>放</u>聪明点。（当代/电视电影/文艺）

②护士<u>放</u>轻脚步闭住气走近病人床前。（当代/应用文/词典）

③大年老婆等小俊刚才的心情平息下去，故意把口气<u>放</u>得平淡淡地向她说……（现代/文学）

上述例句中，"放"所涉及的主体对象分别是"你""护士"和"大年老婆"，客体对象分别为"做事情""脚步"和"口气"，均属于人的行为动作或态度。结果对象分别为"聪明""轻"和"平淡淡"，是行为动作或态度的状态。当"放"实施时，上述行为动作的状态发生了改变，如例①中从"不聪明"变为"聪明"，例②中从"重或正常"变为了"轻"，例③中

从"激动"变为"平淡"，即行为动作或态度都调整为了相反的情况。

根据上述分析，基于以下理据创建其意象图示：（1）动作"放"发生后，各关涉对象的状态发生了变化，因此用"→"来体现这一改变，其中，"→"左侧是源点图示，右侧是终点图示；（2）在源点图示中，存在客体 P；（3）在终点图示中，动作"放"发生后，客体 P 的状态改变为了相反的状态。其表现如图 3-26 所示。

图 3-26　动词"放"义项二十五的意象图示

因此，建议凸显该义项中客体对象状态的变化过程，将该义项描写为义项二十五："放＋形容词/动词"，表示调整行动、态度使达到某种状态或合于某种分寸，常与目前的状态相反。～松|～慢速度|～轻脚步|～平心态|～明白些|～尊重些|～轻松些|～聪明点儿|～老实点儿|音量～小些|学习态度要～端正|客人快要来了，大家～麻利点儿。

第五节　小　结

本节将语料库技术、论元结构和物性结构理论相结合，重新分析、描写和解释了动词"放"在现代汉语中的义项分布情况。

与《当汉学》中的义项划分和描写相比较，做出如下变化。

（1）增加了"放"的本义作为义项一"把人派到边远的地方或岗位"。该义项在语料库中共出现 83 例，虽然使用频率不高，但其是"放"的本义，其他义项均是在该义项的语义基础上衍生的。因此，为了便于汉语二语学习者了解"放"词义的衍生基础，有必要增设该义项。

（2）补充完善了部分义项中的子义项。例如：义项二，《当汉学》设立了 2 个子义项，在语料库中，还存在 1 768 条用于抽象事物的例句，因此为该义项增设了子义项"c）用于抽象事物"。又如义项五，《当汉学》未设立子义项，但在语料库中，存在客体为"事情"的例句共 11 例，占该义项的 11.58%，且在语法格式上带有鲜明的否定词作为标记，因此将该义项增设了子义项，子义项 a）用于人，子义项 b）用于事情。

（3）在释义描写方面，补充了各个义项中应被凸显的语义特征。例如：义项四，在语料库中，存在"盯住不放"类与"眼睛"相关的语料 67 条，因此在释义中补充"或移开视线"的描述。又如义项九，《当汉学》采用以词释词的方式释义为"播送；放映"，本书补充了工具和受事对象的特征，描写为"通过电视、录音机、电影等播出电视、电影和音乐"。再如义项十六，《当汉学》释义为"加进去"，本书补充了客体对象，将其释义为"将调料或配料加进去"。

为了便于汉语二语学习者更加直观的掌握动词"放"的各义项，我们根据各义项中的其所涉及的典型的主体、客体、处所和工具，制作了动词"摆"各义项与典型论元的搭配表，如表 3-3 所示。

表 3-3 动词"放"各义项与典型论元的搭配表

义项		典型主体	典型客体	典型处所/与事	典型工具	典型目的
①把人派到边远的地方或岗位		人或由人构成的集体	人	边远的地方	—	—
②解除约束，使自由	a）用于人	人或由人构成的集体	人	—	—	—
	b）用于动物	人或由人构成的集体	动物	—	—	—
	c）用于抽象事物	人或由人构成的集体	抽象事物（思想、市场等）	—	—	—
③让牛、羊等家禽家畜到户外吃食、活动		人或由人构成的集体	牛、羊等家禽家畜	户外	—	吃草、活动
④松开手或口或移开视线		人的手、口、眼	东西或抽象事物	—	—	—
⑤对某人的行为或某件事情不计较	a）用于人	人	人	—	—	—
	b）用于事情	人	事情（细节、疑问）	—	—	—

续表

义项		典型主体	典型客体	典型处所/与事	典型工具	典型目的
⑥花开		花	—	—	—	—
⑦不按照规范约束行为活动		人	行为、活动	—	—	—
⑧在一定时间停止工作或学习		人或由人构成的集体	人	—	—	—
⑨通过电视、录音机、电影等播出电视、电影和音乐		人或由人构成的集体	声音和图像	—	电视、录音机、电影等	—
⑩点燃		人或由人构成的集体	火、爆竹、烟花	—	—	—
⑪向着一定的方向射出枪弹、炮弹、箭等武器		人或由人构成的集体	枪弹、炮弹、箭等	—	枪、炮、弓箭、铳	—
⑫使液体或气体排出		人、动物或由人构成的集体	液体、气体	容器外面	—	—
⑬从内部发出光、电、热、气味等		自然物或人造品	光、电、热、气味	—	—	—
⑭把消息说出来或透露出去，让大家知道		人或由人构成的集体	语言	—	嘴	传播信息
⑮使处在一定的位置。	a）用于物品	人或由人构成的集体	物品	—	—	—
	b）用于人	人或由人构成的集体	人	职位或岗位	—	—
	c）用于文字、资料、数据等	人或由人构成的集体	文字、资料、数据等	广告、电脑、视频等	—	—
	d）用于抽象事物	人或由人构成的集体	抽象事物	心里、第一位等	—	—
⑯将调料或配料加进去		人	调料或配料	锅、食物内	—	—
⑰把钱、物等发给特定的需要的人		人或由人构成的集体	钱、东西等必需品	有需要的人	—	帮助
⑱把钱借给别人并收取利息		人或由人构成的集体	钱、贷款	有需要的人	—	获得利息
⑲比喻把权利交给下级，不再把持		人或由人构成的集体	权力	下级部门或下属	—	—
⑳暂时保存或保留起来	a）用于钱	人或由人构成的集体	钱	银行	—	暂时不用
	b）用于物品	人或由人构成的集体	物品	—	—	
	c）用于食物	人或由人构成的集体	食物	—	—	

义项		典型主体	典型客体	典型处所/与事	典型工具	典型目的
㉑不着手做；停止进行；搁置		人或由人构成的集体	正在进行的事情	—	—	暂时不做
㉒使物体顺水流或在空中飘动		人或由人构成的集体	风筝、船、卫星等	空中、水中、太空中	—	—
㉓把直立的东西弄倒；使人躺倒		人或由人构成的集体	树、人	—	—	倒
㉔加大、加长、加宽或范围扩大	a）用于物体	人或由人构成的集体	衣服、绳索、照片、字等	—	放大镜	—
	b）用于抽象事物	人或由人构成的集体	标准、成交量等	—	—	—
㉕"放+形容词/动词"，表示调整行动、态度使达到某种状态或合于某种分寸，常与目前的状态相反		人、动物或由人构成的集体	行为动作、状态	—	—	呈现与现有状态相反的状态

第四章 "放""置"次类代表动词义项划分及描写

第一节 动词"摆"的义项划分及描写

"摆"在《现代汉语频率词典》中使用度级次 486,使用度 155,词次 196,累计词次 921 682,频率 0.014 9,累计频率 70.121 8。在 CCL 语料库现代汉语语料中共出现 900 次,总汉字 10 645 个中排序为 1 172 位。并被归入《国际中文教育中文水平等级标准》四级词汇中。

一、现有词典中动词"摆"的义项划分及描写

《说文解字》未收录"摆",收录了"捭",释义为"捭,兩手擊也。从手卑聲。北買切"。《康熙字典》未收录"摆",收录了"擺",释义为"擺,補買切,拜上声。开也,拨也。排而振之也"。《汉字源流字典》认为"摆的本义为拨开,排除"。

梁浩在考察了唐代"摇""掉""摆"的使用情况后,提出:"摆"在先秦并未出现,直至在东汉"摆"字才较常用,该时期的"摆"同"捭",意为"分开"。直至汉末魏晋时期,"摆"才有了与"摆动、摇动"有关的义

项，属新兴词，主要出现于南方文献，该时期的"摆"往往指"剧烈振动"。南朝后期，"摆"所表示的"振动"的幅度渐小，"摇动"义开始出现。从唐中期开始，"摆"的"摇动、摆动"义用例增多，并主要应用在口语性较强的语料中，搭配对象已与近代汉语阶段接近。同时，由于"振动、颠荡"的目的往往是"使……掉落"，所以"摆"又引申出"摆脱"义，该义项是唐代"摆"的最常用义项，在各类语料中均已出现。晚唐五代时期"摆"还引申出新的用例"安排、布置"之意。唐以后，"摆"的"摇动、摆动"义全面发展，宋代成为"摆"的最常用义。宋代，"摆脱"逐渐语素化，保留于"摆抛""摆弃"等固定搭配中，"安排、布置"得到极大发展，产生"摆布""摆置""摆拽""摆列"等新词。至元代，"剧烈振动"消失，"安排、布置"成为最常用义。梁浩试图通过文献梳理描述了"摆"表"振动，摇动"义项的历时发展过程，即"摆"从"分开""剧烈振动""摇动"或"摆脱"或"安排、布置"几个义项的语义转变、语义新增、语义消融，但该研究仅围绕"摇动"义项展开，主要突出其与"摇""掉"的发展演变对比，对其他语义演变过程未进行研究和分析。

麻广一通过梳理先秦至现代汉语的语料，从历时角度考察"摆"各义项的演变和发展，指出："摆"字出现时期较晚，在《说文》和战国文字中均未出现，文献资料中最早出现于东汉和南朝，脱胎于"捭"继承了"捭"的"分开、脱离"义的。至唐五代时期，出现了典型的"摇动"义，并且数量超过了"分开，脱开"义，成为"摆"的主要词义。至宋元时期"摆"出现了"放置、排列"义和"处置，控制"义两个新的词义，其中"放置、排列"义首例出现于宋代《朱子语类》，后在元代的口语材料中才初具规模。至明清时期，用例总量大幅提高，其中"放置"义用例最多，替代"摇动"成为"摆"的最主要词义；同时，还产生了表"显出、展示"义的新词义。其词义历史发展线索图，如图 4-1 所示。

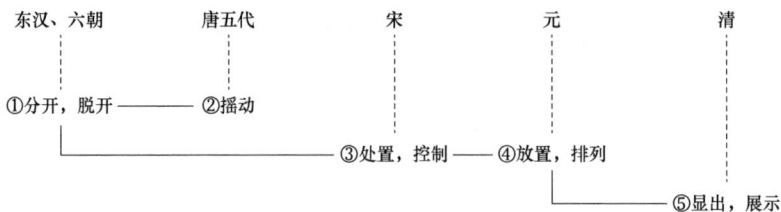

图 4-1 "摆"词义历史发展线索图

麻广一在前人研究的基础上,对"摆"的意象发展进行了全面的历时梳理,并绘制了词义历史发展线索图,对人们了解"摆"语义的历史发展提供了清晰的参考。

但上述两位研究者对部分语义的分析还存在差异,如梁浩认为"摆脱"义是在唐代才产生的,由义项"振动、颠荡"的目的——"使……掉落"引申而来。而麻广一认为,现代"摆"的"分开,脱开"义也是几乎仅存于"摆脱"和"摆开"中,即"摆脱"中的"摆"仍是本义"分开"。本书结合两位研究者的分析,认为"摆"的本义"分开"在现代汉语中已经消失,但其语素化后存在于"摆脱"等词语中。因此关于"摆"义项的排列顺序将以出现频率和引申关系为主。

《现汉》中作为动词的"摆"的释义如下。

①安放;排列:把东西~好|河边一字儿~开十几条渔船。

②数说;列举:~好|~事实,讲道理|把困难都~出来。

③显示;炫耀:~阔|~威风。

④摇动;摇摆:大摇大~|他向我直~手。

《现代汉语规范词典》(以下简称《现规》)中作为动词的"摆"分为"摆₁"和"摆₂","摆₁"的释义如下。

①排列;放置:把书~整齐|~设。

②列举出来:~事实,讲道理。

③某些地区指说;陈述:~一~你的观点|有啥不顺心的事,跟我~一~。

④故意显示：～老资格|～架子。摆₂的释义为：动来回摆动：～～手|摇摇～～|。上述两部词典中，对于"摆"的义项划分有所不同，《现汉》将"摆"划分为 4 个义项，但《现规》将"摆"看作同形异义词，分为"摆₁"和"摆₂"释义。"摆₁"的释义中增设了在某些地区使用表"说"义项。

在四部汉语学习词典中，"摆"的释义如表 4-1 所示。

表 4-1　汉语学习词典中动词"摆"的释义

义核	《现学》（孙版）	《8000 词》	《商务馆学》	《当汉学》
放	安放；陈列	安放；排列；列出	把东西放在外边给人看，陈列	把东西放在一定位置上；排列：把健康摆在首位
显示	显示；炫耀	显示；炫耀	故意显示，以让别人知道自己有地位、有钱	明显地表示出来
摇	摇动；摇摆	摆动；摇摆	前后、左右来回地动	来回摇动；摇摆
列举	—	—	列举；讲述	逐一说出来；列举

上述四部汉语学习词典中，《现学》和《8000 词》中均将其划分为 3 个义项，《商务馆学》和《当汉学》将其划分为 4 个义项，增设了释义为"列举"的义项。

上述词典对动词"摆"的义项划分和描写为本节中"摆"的义项划分和描写奠定了基础。

二、汉语二语学习者动词"摆"的习得偏误

为了解汉语二语学习者对动词"摆"的掌握情况，我们在全球汉语中介语语料库中进行了检索。检索后发现部分因对动词"摆"语义不清楚而产生的偏误。例句如下。

①从车窗里往外看，眼前摆着一片诱惑动人的风景。（全球汉语中介语语料库；作文题目：琼山；学习者国籍：越南）

②学校里摆着几家公寓。（全球汉语中介语语料库；作文题目：我的宿舍；学习者国籍：韩国）

上述两个例句中的错误，是由于二语学习者将"风景"和"公寓"作为"摆"的客体对象，说明学习者对于"摆"客体对象的语义特征还未掌握。

③双目如谭，配上两道细长如画，高高的鼻，下面是一张立正、小小的嘴，她一笑就露出那行洁白如奶的牙，全部都整整齐齐摆在脸蛋上，整脸显得美丽，纯洁。（全球汉语中介语语料库；作文题目：无标题作文；学习者国籍：越南；）

例③中，"摆"的主体是"牙"，处所是"脸蛋上"，该错误的出现是由于二语学习者对"摆"的主体和客体对象的语义特征还未掌握。

④我经过重任的面前不是挺着胸，仰着头的，不摆着骄傲的样子。（全球汉语中介语语料库；作文题目：传统；学习者国籍：印度尼西亚；）

例④中，二语学习者错误的把"摆"的结果"骄傲的样子"作为了客体对象。

⑤我们一起去买衣店，我根本没有兴趣在男朋友旁边摆来摆去的。（全球汉语中介语语料库；作文题目：恋爱进行曲；学习者国籍：美国；）

例⑤中，二语学习者将"摆"和"试穿"混淆了，导致出现了使用错误。

综上可知，汉语二语学习者在掌握动词"摆"各义项的过程中还有所缺漏，在汉语学习词典释义时，需要进一步完善释义描写。

三、建立动词"摆"的平衡语料库

截至 2021 年 9 月，CCL 语料库中"摆"字的现代汉语语料共计 48 463 条，约 43.86 万字，按比例抽取了共计 10 000 条约 91 万字的语料建立动词"摆"的平衡语料库。动词"摆"的平衡语料库所含各类语料情况见表 4-2。

表 4-2　动词"摆"平衡语料库的语料分布情况

二级分类	三级分类	四级分类	下载语料	抽样语料	三级分类合计
当代	CWAC	—	293	293	293
	口语	—	81	81	81
	史传	—	414	414	414

续表

二级分类	三级分类	四级分类	下载语料	抽样语料	三级分类合计
当代	应用文	中国政府白皮书	50	50	1 347
		健康养生	104	104	
		法律文献	1	1	
		社会科学	493	282	
		自然科学	192	192	
		药方	5	5	
		菜谱	377	282	
		议论文	149	149	
		词典	405	282	
		说明书	0	0	
	报刊	1994 年报刊精选	4 414	181	1 347
		人民日报	11 337	181	
		作家文摘	1 510	181	
		市场报	811	180	
		故事会	69	69	
		新华社	8 303	181	
		读书	2 476	181	
		读者	1 396	180	
		青年文摘	13	13	
	文学	—	6 421	1 347	1 347
	电视电影	文艺	777	777	1 094
		非文艺	317	317	
	相声小品	—	325	325	325
	网络语料	—	1 705	1 346	1 346
	翻译作品	应用文	994	673	1 347
		文学	3 972	674	
现代	戏剧	—	86	86	86
	文学	—	973	973	973
合计			48 463	10 000	10 000

对动词"摆"平衡语料库中 10 000 条语料依次标注后，发现语料中有作为名词的语料 109 条，如"裙摆""钟摆"等；有作为专有名词的语料 10 条，如"摆夷"（音译）、"摆勺村"（地名）、"摆七娘"（一种传统的祈福行为）；有错别字语料 1 条，慈摆（*禧）太后。以上 120 条语料对于动词"摆"的义项划分没有研究价值，均未标注义项，不做讨论与说明。有效语料条数共计 9 880 条。

四、汉语"摆"义项划分及描写

袁毓林认为"摆"是二元三位三项四联动词，其能关联的四个从属成分为施事、受事、处所和方式，描写为 V：{A，P，L，M}，配价实例如下。

摆：　他在桌上～了不少餐具　　他把餐具都～（在）桌上了

　　　这些书你～书架上/方形　　桌上～了不少小玩艺儿

　　　他用棋子～了一个长蛇阵　他用筷子～一个五角星

（一）义项一：安放

在动词"摆"平衡语料库中，该义项共有 4 897 条，占 49.56%。例句如下。

①草坪上摆了一片木桌，木桌上又摆了丰富的冷餐和水酒。（当代/报刊/作家文摘）

②卡伊端坐于椅上，右臂弯曲摆于胸前。（当代/报刊/新华社）

③生态环境保护被摆到了越来越重要的位置。（当代/报刊/新华社）

上述例句中，动作"摆"所关涉的施事对象均为"人"，受事对象则为"桌子、冷餐、水酒""胳膊"和"生态环境保护"，前两者属于具体事物，具有［＋有形物］的语义特征，而后者则属于抽象事物，具有［－有形物］的语义特征；同时，前两例中所关涉的处所对象也分别为"草坪上""木桌上""胸前"，均以具体对象为参照物，而例③中的处所对象则为"政府工作安排中"，属于抽象空间。虽然受事对象和处所对象在形式角色方面具有不同的语义特征，但上述受事对象均在动作"摆"的作用下发生了位置的移动，即"受事对象"在动作"摆"的作用下被移动并最终处于某个位置上，因此该类语料中的动作"摆"可解释为"安放"。

根据客体是否具有［＋有形物］的语义特征和处所是否以具体对象为参照物，将该义项分为两个子义项，具体如下。

a）把东西放在特定的地方：～放｜～摊｜～碗筷｜～货｜～盘｜一字～开｜～得整整齐齐｜草坪上～着一张躺椅｜姐姐把蜡烛～成心形｜病人的床头～满了各种礼物｜饭菜已经摆上了桌｜沙发靠墙摆好｜桌上～的是全家福。

在动词"摆"平衡语料库中，该义项共有 4 150 条，占 42%。例句如下。

①福尔摩斯把书<u>摆</u>在腿上。（当代/翻译作品/文学）

②管理处的同志摆出了纸墨笔砚。（当代/文学）

③家家户户都要在案头摆上盛有七样物品的拼盘。（当代/报刊/读者）

上述例句中，动词"摆"所涉及的施事对象分别为"福尔摩斯""管理处的同志"和"家家户户"，前二者均是人，后者则为由人组成的集体，三者均具有［＋主动］的语义特征，且动作主要由人的手执行。受事对象为"书""笔墨纸砚"及"拼盘"，均为有形物。处所对象则为"腿上""（桌上）""案头"，均为物体表面。动作"摆"实施后，受事对象从某个位置移动到了其他位置。该义项中，典型的受事对象有家具类（如桌子、床、椅子、凳子、沙发、架子）、食物类（如菜、饭、酒、宴席）、器物类（如花瓶、相框、摆件）、餐具类（如碗、筷子、盘子、杯子），其中家具类共 554 例，食物类 526 例，器物类 447 例，餐具类 329 例。为了凸显动作对受事对象的作用，语料中常常通过使用把字句、被动句的句型结构，或增加结果论元及方式论元。例句如下。

①姐姐神经质地把茶碗和冰点心盒规整地<u>摆</u>成一个长方形。（当代/应用文/社会科学）

②一份报告被小心翼翼地摆上了他的案头。（当代/网络语料）

③钱、钥匙、电话号码本、证件一一<u>摆</u>开。（当代/文学）

例①中，使用了把字句的句型结构，并增加了方式论元"神经质地""规整地"，结果论元"成长方形"，例②中使用了被动句的句型结果，并增加了方式论元"小心翼翼地"，例③中虽然未使用把字句或被动句，但其中的"钱、钥匙、电话号码本、证件"这些仍是动作"摆"的受事对象，而句中增加了方式论元"一一"。在语料库中，典型的方式论元有"一字""一一""整齐/整整齐齐""端正/端端正正"。典型的结果论元有"（摆）满""（摆）正""（摆）好""（摆）开""（摆）齐""（摆）成……（形状）"等。

b）把事情放在特殊的位置：把健康～在首位｜把教育～在优先发展的战略地位｜新的改革任务被～上了议事日程。

在动词"摆"平衡语料库中，该义项共有 747 条，占 7.56%。例句如下。

①该行将继续把中小企业贷款<u>摆</u>上重要位置。（当代/网络语料）

②中国军队始终把思想政治建设<u>摆</u>在各项建设的首位。（当代/应用文/中国政府白皮书）

③聘请洋教练已经被中国拳击协会<u>摆</u>上了重要议事日程。（当代/报刊/新华社）

上述例句中，"摆"所涉及的施事对象分别为"银行""中国军队"和"中国拳击协会"，均是由人组成的集体，均具有［＋主动］的语义特征；受事对象分别为"中小企业贷款""思想政治建设"和"聘请洋教练"，这些受事对象均具有［－有形物］的语义特征，属于抽象的事件类。同时，其所涉及的处所对象也分别为"（工作中的）重要位置""各项建设的首位"和"议事日程"。即人或由人组成的集体，把某个事件放在了某个特殊的位置。

根据上述分析，基于以下理据创建其意象图示：（1）动作"摆"发生后，各关涉对象的位置发生了变化，因此用"→"来体现这一改变，其中，"→"左侧是源点图示，右侧是终点图示；（2）在源点图示中，存在一个客体，用 P 来表示；同时，还存在一个处所，用 L 表示，且其上有一个特定位置，用虚线的椭圆框表示；（3）在终点图示中，动作"摆"发生后，客体 P 的位置发生了变化，移动到了处所 L 中的虚线椭圆框处；（4）因客体

P 和处所 L 均包含抽象对象，因此均用虚线框表示。其表现如图 4-2 所示。

图 4-2　动词"摆"义项一的意象图示

综上，建议凸显该义项中"摆"所关涉的客体和处所论元，将该义项中的动词"摆"描写为义项一：安放。a) 把东西放在特定的地方：～放 | ～摊 | ～碗筷 | ～货 | ～盘 | 一字～开 | ～得整整齐齐 | 草坪上～着一张躺椅 | 姐姐把蜡烛～成心形 | 病人的床头～满了各种礼物 | 饭菜已经～上了桌 | 沙发靠墙～好 | 桌上～的是全家福。b) 把事情放在特殊的位置：把健康～在首位 | 把教育～在优先发展的战略地位 | 新的改革任务被～上了议事日程。

（二）义项二：（故意）做出表情、姿势或样子

该义项在语料库中共 742 条，占 7.51%。动作"摆"由肢体动作域扩展到了面部动作域。在动词"摆"平衡语料库中，该类语料共有 58 条，例句如下。

①那女郎也正睁大一双妙目，皱起眉头，摆出一副不友善的态度。（当代/文学）

②他们摆出一副为了和平而做出让步的虚假面孔。（当代/报刊/新华社）

③他们中间的一位，还摆出一副悲天悯人的表情。（当代/报刊/作家文摘）

上述例句中，动作"摆"所涉及的施事对象分别为"那女郎""他们"和"他"，均为人。受事对象分别为"眼睛、眉头"和脸上的各个器官；结果对象分别为"一副不友善的态度""一副为了和平而做出让步的虚假面孔"和"一副悲天悯人的表情"，均属于面部表情，描述其形式角色特征的量词均为"一副"。动作"摆"发生后，人在脸部做出了一些让别人看到的刻意

的表情变化。动作"摆"从肢体动作域转变为面部动作域,"摆"的动作施事对象仍然是人,但是其所关涉的客体则不再是具体的事物,而是人面部的各个器官:眼睛、眉毛、鼻子、嘴巴等,为了呈现出某种表情或神态,它们的位置或形态发生了相应的变化。当其作为肢体动作"摆"时,其表示将物体移到某个特定的位置,移动的结果是人们可以在某个地方看到该物体。当其作为面部动作"摆"时,其表示通过移动面部的各个器官,使其呈现出某种表情或神态,让人们看到。二者的结果存在较大的相似性,因此"摆"就从表肢体动作域的动词扩展到了面部动作域。

除了表示面部动作,表肢体动作的"摆"还进一步扩大,表示身体动作。在动词"摆"平衡语料库中,该义项共有 372 条。例句如下。

①两个女孩正在电动自拍机前,搔首弄姿摆造型。(当代/电视电影/文艺)

②(我)穿上运动服,摆个帅姿势——手持火炬,大步向前。(当代/报刊/新华社)

③(他)静静地坐着,摆着沉思的架子。(当代/文学)

上述例句中,动作"摆"所涉及的施事对象分别为"两个女孩""我"和"他",均为人;受事对象分别为身体各个部分,其构成角色包含身体的各个部分,如头部、躯干、肢体等,如例①中,方式论元"搔首弄姿"就表明了包含的受事对象包含头部、肢体等,而例②中增加了客体的同位语作为解释说明,该受事对象包含了上肢"手"和下肢"腿和脚"。结果论元为"造型""帅姿势""沉思的架子",均为身体的姿态。和面部动作一样,该身体动作"摆"的结果也是呈现出某种姿态或造型,让人们看到,与肢体动作的结果存在较大的相似性。

在语料中,常常通过增加方式论元或目的论元来凸显该面部动作或身体动作的刻意性,例句如下。

①她的腮上特意摆出一点笑来,好教大家看见。(现代/文学)

②姚雪芳故意摆出一副待答不理的神态,口吐着白烟。(现代/戏剧)

③邓小平从不在意被人摄影,不会刻意摆样子。(当代/报刊/新华社)

例句①中，动作"摆"所涉及的施事对象为"她"，受事对象为嘴巴，结果对象"一点笑"，处所对象为"腮上"，并增加了方式论元"特意"和目的论元"好教大家看见"；而例②和例③中则分别增加了方式论元"故意"和"刻意"。除了上述方式论元外，语料库中典型的方式论元还有"有意""特别"等，该类语料共 32 条。

上述例句中，"摆"所涉及的结果对象均为名词，但部分语料中，其关涉的结果使用的则是形容某种状态或样子的形容词。在动词"摆"平衡语料库中，该义项共有 312 条。例句如下。

①她满身都是珠宝。我想，要是我有这么多珠宝，我绝不会象她那样摆阔。（当代/翻译作品/文学）

②买厂不买车是对的，乡下人，摆什么阔。（当代/报刊）

③不见半个军人出现，一旁的岗哨也不见执勤卫兵的人影。报道指出，这是金门西洪旧机场军方操演完的景象，究竟是没人力还是军队摆烂。（当代/网络语料）

例①和例②中，动词"摆"的结果论元是"阔"，例①中，根据上文"满身都是珠宝"，可知"阔"所描述的是"满身珠宝这种阔气的样子"；例②中，根据上文"买厂不买车是对的"，可知"阔"所描述的是"买车这种阔气的行为"。例②中，动词"摆"的结果论元是"烂"，根据上文中"不见半个军人出现，一旁的岗哨也不见执勤卫兵的人影"可知，"烂"所描述的是军容军纪差的样子。因此，当其结果论元为形容词时，其所表示的也是某种可以被人们看到的样子或状态，与义项①中的结果相似。

因此，根据该义项中，动作"摆"所涉及的受事对象、方式论元、目的论元和结果论元，创建其意象图示：（1）源点图示中，受事对象为人体各部分或面部的器官，采用人形图示表示，存在目的论元"表现出来被看到"，因此添加目的论元符号和眼睛图示；（2）终点图示中，肢体的位置发生了变化，使用肢体伸展的人形图示表示。图示如图 4-3 所示。

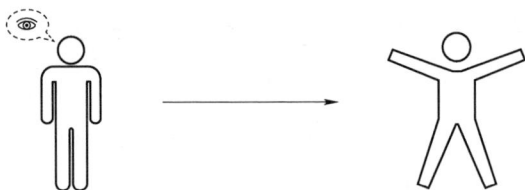

图 4-3　动词"摆"义项二的意象图示

综上,建议凸显该义项中"摆"所涉及的受事对象、方式论元、目的论元和结果论元,将该义项描写为义项二:(故意)做出表情、姿势或样子。显～|～阔|～烂|～谱儿|～架子|～威风|～老资格|他是个直性子,高不高兴都～在脸上|她～出一副傲慢的样子,让人难以接近|她只不是～～样子,其实并不想走。

(三)义项三:逐一说出来;列举

在语料库中,动作"摆"还有肢体动作域扩展到了言语域。在动词"摆"平衡语料库中,该义项共有 188 条,占 1.9%。例句如下。

①我这样点一点就可以把儒家的系统性格给你们摆出来。(当代/CWAC)

②我正想找机会把我过去的劣迹给你父母摆一摆。(当代/网络语料)

③她这才又大胆地摆出自己的理由:和孩子们去游泳啦,采野莓啦,去森林中啦。(当代/报刊/读者)

申修瑛考察了"摆"与其相搭配的名词之间的关系,考察结果认为"摆事实"之类短语的语意重点在于名词成分,动词是受名词的语意的影响产生新的意义。上述例句中,动作"摆"的施事对象分别为"老汉""我"和"她",均是人。其受事对象分别为"儒家的系统性格""我过去的劣迹""理由:和孩子们去游泳啦,采野莓啦,去森林中啦",这些受事对象都是属于抽象对象,在形式角色方面均含有 [−有形物] 的语义特征,且常为集合体,尤其在例③中表现得较为明显。语料中,该类义项中典型的受事对象有:观点、事实、道理、想法、理由等。在例①和例③中,还增加了其结

果论元你，分别为"出""出来"，凸显出在动作"摆"的作用下，受事对象状态的变化。在该类语料中，约有39.7%的语料含有结果论元"出/出来"。

上述例句中，并未指明"摆"所涉及的处所对象，但为了凸显"摆"所关涉的处所对象，部分语料中通过增加相关描写，凸显出了其处所对象的特征。例句如下。

①朱德每次视察回京，总要去看望张澜，摆谈他视察的所闻所见。（当代/报刊/1994年报刊精选）

②老汉内心那无限的感慨，还用在这里细细摆出来吗？（当代/文学）

③你听他摆的好些事情，不亲临其境，恐怕说不到那么真切吧！（当代/文学）

例①中，动作"摆"所涉及的施事对象为"朱德"，受事对象为"所闻所见"，但为了凸显动作"摆"表示语言域动作的语义特征，在其后增加了典型的言语域动作词"谈"。在语料库中，采用增加同类言语类动作词"谈"的共21例。例②中，动作摆所涉及的施事对象为"老汉"，受事对象为"感慨"，为了凸显动作"摆"表示语言域动作的语义特征，在受事对象前增加了其形式角色方面的描述"内心"，凸显出受事对象的隐蔽性；在"摆"前增加了其方式论元"细细"，该方式论元与义项一中典型的方式论元"整齐""端正"不一致，表明了动作"摆"所属认知域的转变。而例③中，"他摆的好些事情"是属于"听"的受事对象，下文中还提示了言语域动作词"说"，因此，该句中的"摆"与"听"和"说"一样，同样表示言语域动作。

上述例句中，动作"摆"从肢体动作域转变为言语动作域，当其作为肢体动作"摆"时，其表示将物体移到某个特定的位置，移动的结果是人们可以在某个地方看到该物体。当其作为言语动作"摆"时，其表示将内心的感受、想法等说出来，说的结果是使内在的东西显示出来，被听到或了解。二者的结果存在较大的相似性，因此"摆"就从表肢体动作域的动词扩展到了言语动作域。

根据该义项中"摆"所涉及的受事对象的特征，创建其意象图示如图 4-4 所示。

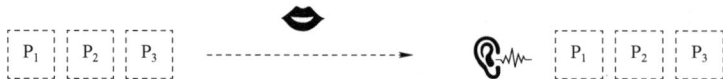

图 4-4 动词"摆"义项三的意象图示

该意象图示与义项一所不同的是：（1）源点图示中，受事对象以集合体的形式呈现，分别标示为 P_1、P_2 和 P_3，并删除处所 L；（2）从源点图示向终点图示转变的过程中，添加工具论元"嘴"的图形；（3）在终点图示中，受事对象结果是在可以在听觉系统中被接收或观测到，因此增加听觉系统耳朵的图示。

综上，根据该义项中"摆"所关涉的客体、工具、结果对象的语义特征，将该义项描写为义项三：逐一说出来；列举。摆功劳 | 摆明情况 | 把问题摆出来 | 摆事实，讲道理 | 摆一摆你的观点 | 我们把证据摆出来，看他怎么说？

（四）义项四：向前后、左右、上下等方向移动

在语料库中，"摆"除了表示"分开"类的意义，还可以表示运动的状态。该义项共 1 230 条，占 12.45%。例句如下。

①张老摆了摆手。（当代/报刊/1994 年报刊精选）

②她却穿着翠绿色的衣裳，柳腰盈盈一摆。（当代/文学）

③它似乎有点不满，使劲摆着耳朵。（当代/翻译作品/文学）

梁浩认为"摆"出现于汉末，在魏晋时期仍属于新兴词，主要出现于南方文献，"摆"的"摇动、摆动"义在唐以后全面发展。上述例句中，动作"摆"所涉及的施事对象分别为"张老""她"和"它（猪）"，分别属于人和动物，其在形式角色方面所具有的共同的语义特征为 [＋有形物]，在构成角色方面所具有的共同语义特征为 [＋主动]。受事对象分别为"手""腰"和"耳朵"，均为主体的一部分。"摆"动作实施时，"手"和"腰"

左右移动,"耳朵"前后移动,与义项一中的结果一样,离开了源点位置。在语料库中,典型的受事对象有手、腰、耳朵、下巴、腿、尾巴等。

除了上述具有［＋主动］的语义特征的施事对象外,该义项中的"摆"还关涉了一些［－主动］语义特征的施事对象,例句如下。

①一阵微风吹得枝叶摆动。(当代/翻译作品/文学)

②驶车的面前的那把小刷子,自动的左右摆着。(现代/文学)

③长款上衣截至腰际,背中开小衩,步摇衣摆。(当代/报刊/人民日报)

上述例句中,动作"摆"所涉及的施事对象分别为"枝叶""小刷子"和"衣裳",它们虽然在形式角色方面也具有［＋有形物］的语义特征,但该动作并非是主动发出的。例①中"微风吹"就是动作"摆"的动力来源,即"微风"是动作"摆"的致事论元。虽然例②中的,增加了方式论元"自动",但根据动力学分析,该自动并非出于小刷子的自主意识,而是在汽车电能作用才产生了该规律性的运动。例③中的动力来源则是"步摇",即走路时身体的运动。因此,上述客体在构成角色方面所具有的共性的语义特征为［－主动］,即动作"摆"并不是其在主观意识驱动下产生的,而是在外力的作用下产生的。

在该类语料中,常会增加方向论元来凸显该动作的方向,增加了方向论元的语料共有188条,例句如下。

①行人在路上一步三滑,汽车在街上左右乱摆。(当代/报刊/人民日报)

②两臂划水后须提出水面再向前摆去。(当代/应用文/词典)

③海豚游泳是靠怎么动作的? 就是尾叶上下摆。(当代/电视电影/非文艺)

上述例句中,动作"摆"的方向论元分别为"左右""前"和"上下",在语料库中,方向论元为"左右"的共57条,为"前后"的共32条,为"右"的共31条,为"上下"的26条,为"前"的共17条,为"后"的共11条,为"左"的共13条,为"下"的共1条。

因此,根据该义项中"摆"所涉及的主体、客体和方向论元,创建其意象图示如图4-5所示。

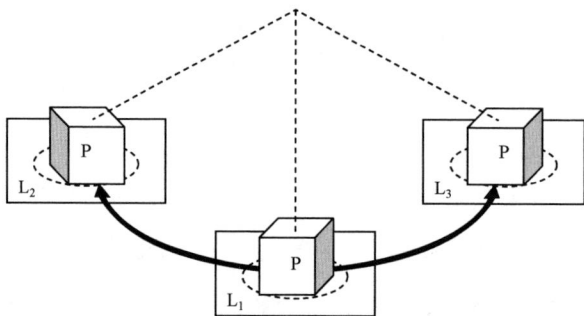

图 4-5 动词"摆"义项四的意象图示

在该意象图示中，（1）源点图示中，存在一个客体，用 P 表示，存在源点处所，用 L_1 来表示；（2）可能存在多个终点图示，因此分别采用 L_2 和 L_3 表示；（3）在源点图示到终点图示运动的过程中，使用黑色箭头表示运动的方向。

综上，建议凸显该义项中"摆"所涉及的主体、客体和方向论元的语义特征，将该义项描写为义项四：向前后、左右、上下等方向移动。～动|～手|扭～|摇～|摇头～尾|大摇大～|手臂向前～|风摇叶～|国旗迎风～动。

（五）义项五：移动到某种限制或范围外

麻广一认为：现代"摆"的"分开，脱开"义也是几乎仅存于"摆脱"和"摆开"中，用例很少且僵化。虽然其仅存于复音词"摆脱"和"摆开"中。虽然该义项已语素化，但在语料库中，该类语料共 2 823 条，其比例仍然达到了 28.57%。例句如下。

①古今托古作伪者都无法摆脱其所处的语言环境的制约。（当代/应用文/议论文）

②船上 10 名渔民什么办法都使出来，仍摆脱不了困境。（当代/报刊/人民日报）

上述例句中"摆"所涉及的主体分别是"托古作伪者"和"渔民"，具有［＋主动］的语义特征。其处所对象分别为"困境"和"制约"，均属于抽象事物，在功用角色上具有"限制"的语义特征，即在一定的空间或时间范围能对事物的发展产生不利的影响。

①（甘肃省）彻底摆脱污染大省的帽子。（当代/报刊/新华社）

②东亚国家已摆脱金融危机。（当代/应用文/中国政府白皮书）

③自由主义摆脱政府控制。（当代/CWAC）

例①和例②中所涉及的主体分别是"甘肃省""东亚国家"均是由人组成的集体，而例③中的"自由主义"则是人的思维和意识，三者虽在形式角色上存在较大的差异，但是在构成角色方面同样具有［＋主动］的语义特征。例①中"摆"所涉及的处所对象为"帽子"，但根据其形式角色的描述"污染大省的"，我们可知，这个"帽子"所代表的是抽象事物，即"一种头衔"，其和例②、例③中的"危机""控制"一样，同样具有"限制"的语义特征。

上述例句中，处所对象在功用角色方面均具有"限制"的语义特征，在感情色彩上就常包含着贬义，且上述处所对象均代表的是"摆"的源点位置。因此，根据该义项中，"摆"所关涉施事对象和源点的特征，创建其意象图示如图4-6所示。

图4-6 动词"摆"义项五的意象图示

该意象图示主要基于以下理据：（1）源点图示中，存在主体A和处所L，主体A位于处所L的某个位置上；（2）终点图示中，主体A与处所L分开，其位置处于处所L之外的其他空间；（3）从源点图示到终点图示演变的过程中，主体A与处所L的位置关系发生了变化，用→表示。

综上，建议凸显该义项中"摆"所关处所论元的语义特征和感情色彩，将该义项描写为义项五：分开、脱开某种限制或范围：～脱|～脱控制|～脱贫困|～脱追捕|彻底～脱|人类开始了～脱了地球引力，飞向月球。

五、小结

本节将语料库技术、论元结构和物性结构理论相结合，重新分析、描写和解释了动词"堆"在现代汉语中的义项分布情况。

与《当汉学》中的义项划分和描写相比较，做出如下变化：在释义描写方面，补充了各个义项中应被凸显的语义特征。

为了便于汉语二语学习者更加直观的掌握动词"摆"的各义项，我们根据各义项中的其所涉及的典型的主体、客体、处所和工具，制作了动词"摆"各义项与典型论元的搭配表。如表 4-3 所示。

表 4-3　动词"摆"各义项与典型论元的搭配表

义项		典型主体	典型客体	典型处所	典型结果	典型方向
安放	a）把东西放在特定的地方	人或由人构成的集体	物体	桌上、物体表面	—	—
	b）把事情放在特殊的位置	人或由人构成的集体	抽象事物	第一位、心里	—	—
（故意）做出表情、姿势或样子		人	—	—	出……样子	—
逐一说出来；列举		人或由人构成的集体	观点、事实、道理、想法、理由等	—	—	—
向前后、左右、上下等方向移动		物体	—	—	—	前后、左右、上下
移动到某种限制或范围外		人、物体	—	限制范围外	—	—

第二节　动词"堆"的义项划分及描写

"堆"在《现代汉语频率词典》中使用度级次 595，使用度 46，词次 66，累计词次 1 107 639，频率 0.005 0，累计频率 84.269 4。在 CCL 语料库现代汉语语料中共出现 214 次，总汉字 10 645 个中排序为 1 820 位。并被归入《国际中文教育中文水平等级标准》四级词汇中。

一、现有词典中动词"堆"的义项划分及描写

《说文解字》中"堆"的释义为"𠂤,小也。象形。凡𠂤之属皆从𠂤。都回切。"《说文解字注》中认为"𠂤","其字俗作堆"《汉字源流字典》认为:"𠂤,释为小土堆,当作堆的本字。《广韵·灰韵》:'堆,聚土。'本义为土墩、沙墩或水中聚集的礁石。"从上述分析,我们可知"堆"的本义为名词,表示土堆、沙堆或水中的礁石。

《现汉》中作为动词的"堆"的释义如下。

①堆积:粮食~满仓,果子~成山。

②用手或工具把东西堆积起来:场上的人在~麦秸|把书~在桌子上。

《现规》中作为动词的"堆"的释义为:"累积;聚集在一起:~雪人|~积。"

上述两部词典中,动词"堆"的义项数略有不同,《现汉》中义项数为2个,《现规》中为1个。《现汉》中增加了表"用手或工具"进行"堆积"动作这一义项,该义项强调了动作"摆"所关涉的工具对象。

在三部汉语学习词典中,"堆"的释义如表4-4所示。

表4-4 汉语学习词典中动词"堆"的释义

词典	《现学》(孙版)	《商务馆学》	《当汉学》
义项1	堆积	堆积	堆积
义项2	把东西堆积起来	—	用手或工具把东西聚在一起
义项3	—	—	比喻刻意做出笑脸

上述三部汉语学习词典中,动词"堆"的义项划分和描写略有不同。《商务馆学》中仅划分了1个义项,释义义核中为"堆积";而《现学》(孙版)中划分了2个义项,释义义核均为"堆积",释义②中用"把"字句,凸显了动作的主动性;《当汉学》中则划分了3个义项,义项一释义与其他两部词典一致,义项二中凸显了工具论元"用手或工具",并新增了义项三"比喻刻意做出笑脸"这个新义项。

上述词典对动词"堆"的义项划分和描写为本节中"堆"的义项划分和描写奠定了基础。

二、汉语二语学习者动词"堆"的习得偏误

为了解汉语二语学习者对动词"堆"的掌握情况，我们在全球汉语中介语语料库和 HSK 动态作文语料库中进行了检索。检索后发现部分因对动词"堆"语义不清楚而产生的偏误。例句如下。

①为了找工作堆自己的能力，那么没问题。（全球汉语中介语语料库；作文题目：年轻人找工作；学习者国籍：韩国；）

②在农土里面已经堆着有害物质（HSK 动态作文语料库；作文题目：绿色食品与饥饿；国籍：韩国）

③我们一年及三班的教室有到处在地上堆了灰尘还有扔了垃圾。（全球汉语中介语语料库；作文题目：打扫；学习者国籍：韩国）

④我们三个人一起做雪人（HSK 动态作文语料库；作文题目：我的一个假期；学习者国籍：日本）

例①和例②中，学习者想要表达"提升能力"和"土中积聚了有害物质"，但误用了"堆"，原因可能是对"堆"所搭配的具有抽象语义特征的客体不清楚而产生的。例③中，学习者使用"在＋L＋堆＋O"的结构，其中"堆"表示主动行为，但"灰尘"不能作为"堆"这一主动的受事对象，因此产生了错误。例④中，学习者使用了"做雪人"这一表达，但在汉语中由于制作雪人过程中最为明显和突出的动作为"堆"，而学习者可能不清楚该特定受事对象需与"堆"搭配的要求而产生误用。通过分析上述语料，我们发现但对应上述三部词典中动词"堆"的释义，我们发现其在解决留学生出现的偏误方面还有所缺失，仍可继续探讨和完善。

三、建立动词"堆"的平衡语料库

截至 2021 年 9 月，CCL 语料库中"堆"字的现代汉语语料共计 24 262 条，约 262 万字，按比例抽取了共计 10 000 条约 88.6 万字的语料建立动词"堆"的平衡语料库。动词"堆"的平衡语料库所含各类语料情况见表 4-5。

表 4-5 动词"堆"平衡语料库的语料分布情况

二级分类	三级分类	四级分类	下载语料	抽样语料	三级分类合计
当代	CWAC	—	229	229	229
	口语	—	41	41	41
	史传	—	142	142	142
	应用文	中国政府白皮书	9	9	846
		健康养生	96	96	
		法律文献	4	4	
		社会科学	215	215	
		自然科学	192	192	
		药方	6	6	
		菜谱	45	45	
		议论文	29	29	
		词典	248	248	
		说明书	2	2	
	报刊	1994 年报刊精选	1 617	305	2 094
		人民日报	3 898	305	
		作家文摘	818	305	
		市场报	227	227	
		故事会	22	22	
		新华社	4 285	305	
		读书	1 020	305	
		读者	945	305	
		青年文摘	15	15	
	文学	—	4 491	2 093	2 093
	电视电影	文艺	318	318	475
		非文艺	157	157	
	相声小品	—	75	75	75
	网络语料	—	947	947	947
	翻译作品	应用文	433	433	2 093
		文学	2 771	1 660	
现代	戏剧	—	42	42	42
	文学	—	923	923	923
合计			24 262	10 000	10 000

对动词"堆"平衡语料库中 10 000 条语料依次标注后，发现语料中有作为名词的语料共 3 890 条，如"人堆""反应堆""垃圾堆"；有作为量词的语料共 1 882 条，如"一堆火""这堆书"等；有作为专有名词的语料共 292 条，如马王堆、三星堆。以上条语料对于动词"堆"的义项划分没有研究价值，均未标注义项，不做讨论与说明，有效语料条数共计 3 926 条。

四、动词"堆"义项划分及描写

（一）义项一：用手或工具把东西成堆的放在一起

在语料库中，该类语料共 2 075 条，占 52.85%。

①把石榴粒和桦仁集中堆放在碗心。（当代/应用文/菜谱）

②她把我的信整整齐齐堆成一堆。（当代/翻译作品/文学）

③（他）把一包一包档案靠南北两面墙堆起来。（当代/报刊/作家文摘）

上述语料中，动词"堆"所涉及的施事对象均为人，并主要是由手实施该动作；受事对象分别为"石榴粒和桦仁""信""一包一包档案"，均为有形物，且具有［+数量多于1］的语义特征。例①中还增加了处所论元"碗心"和方式论元"集中"，例②中增加了结果论元"成一堆"和方式论元"整整齐齐"，例③中还增加了结果论元"起来（高度变高）"和方式论元"靠南北两面墙"。在动作"堆"的作用下，客体从多个、分散的状态被聚集到了一起，形式角色特征方面有了明显的变化。

在语料库中，动词"堆"所涉及的施事对象除了人以外，还有一些由人操控的工具，例句如下。

①一大片树木被推土机推倒，堆成一堆一堆的。（当代/翻译作品/应用文）

②动力厂的大吊车又开始轰轰响着把煤堆成一座小山。（当代/文学）

③小车源源不断行驶在光滑的轨道上，把木板运到晒木场，在那里被堆成高高的板垛。（当代/翻译作品/文学）

上述例句中，动词"堆"所涉及的施事对象分别为"推土机""大吊车"

和"小车",均不是由人手直接去完成"堆"这一动作,但"推土机""大吊车"和"小车"的操控均是由人手实施的,其是人手功能的延伸与扩展,因此上述工具也可与"堆"相关联使用。

同时,我们发现,上述例句中4个为"把"字句,2个为被动句,这类句型的使用凸显了动作"堆"对受事对象的处置性。在该义项中,使用上述两类句型的共220条,约占17.07%,其中"把"字句句型181条,被动句句型39条。除了使用处置性较为明显的"把"字句或被动句,为了凸显动作"堆"对关涉对象的行为作用,语料中结果论元的出现频次也较高,共758条,约为36.53%,例句如下。

①将切好的芸豆卷在摊好的绿色冻粉冻的大盘中,堆出鱼头和鱼肚的形状。(当代/应用文/菜谱)

②建筑工人开始用水泥堆起一堵宽阔的基墙。(当代/翻译作品/应用文)

③用石头堆成三面或多面的角锥体。(当代/应用文/词典)

上述例句中,动词"堆"所涉及的结果论元分别为"鱼头和鱼肚的形状""一堵宽阔的基墙"和"三面或多面的角锥体"。在语料库中,通常使用"起""出""成""得像……(一样)"来关联其结果对象。有的语料中,还会直接将受事对象变化后的结果作为动词"堆"的宾语,例句如下。

①大人们也同小朋友一起堆雪人。(当代/报刊/新华社)

②我们一边堆城堡一边讲那些大人们无法理解的东西。(当代/翻译作品/文学)

③在北部森林公园内造湖堆山。(当代/报刊/新华社)

上述语料中,动词"堆"的宾语分别为"雪人""城堡"和"山",但它们实际是受事对象"雪""沙"和"土"在动作"堆"的作用下形成的最终结果。

在语料库中,动词"堆"所涉及的施事对象除了人以外,还有一些由人操控的工具,例句如下。

①一大片树木被推土机推倒,堆成一堆一堆的。(当代/翻译作品/应用文)

②动力厂的大吊车又开始轰轰响着把煤堆成一座小山。（当代/文学）

上述例句中，动词"堆"所涉及的施事对象分别为"推土机"和"大吊车"，均不是由人手直接去完成"堆"这一动作，但"推土机"和"大吊车"的使用和操控均是由人手实施的，其是人手功能的延伸与扩展，因此"推土机"和"大吊车"也可与"堆"相关联使用。

王冬梅指出"有些名词与它所转指的动词是动作的结果和动作的关系"，其中包含"成形物转指使成形"。"堆"的本义为土墩、沙墩或水中聚集的礁石"。该义项由其本义表"堆形物"的名词引申而来。根据该义项中涉及的相关对象，凸显其对于客体的处置性，使用路径图示创建该义项的意象图示，如图4-7所示。

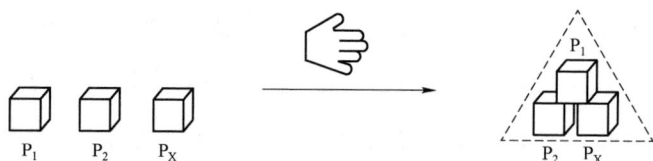

图4-7　动词"堆"义项一的意象图示

该意象图示的创建主要依据主要有：（1）动作"堆"发生后，各关涉对象的位置发生了变化，因此用"→"来体现这一改变，其中，"→"左侧是源点图示，右侧是终点图示；（2）在从源点图示到终点图示转变过程中，作为工具的"手"或其操控的工具用手型图标表示；（3）在源点图示中，存在多个客体，用 P_1、P_2、P_X 来表示；（4）在终点图示中，动作"铺"发生后，客体 P_1、P_2、P_X 的位置发生了变化，并用虚线凸显其聚合后典型的形体特征。

综上，根据该义项中，动作"堆"所涉及的受事对象形式角色的变化，凸显动作"堆"的处置性，将该义项描写为义项一：用手或工具把东西成堆的放在一起。～雪人|～沙堡|乱～乱放|～山造景|孩子正在专心地～积木|把脏衣服～在一起|木头被推土机～成一堆一堆的。

（二）义项二：事物聚在一起，越来越多

在部分语料中，动词"堆"对所涉及的施事对象并不是人或由人操控的工具，而是［－主动］语义特征的主体。在动词"堆"平衡语料库中，该义项共有 1 289 条，占 32.83%。例句如下。

①他们家现在灰尘堆得老厚。（当代/报刊/作家文摘）

②在目前的历史转变时期，问题堆积成山。（当代/应用文/议论文）

③那么多的营养堆在身上，能不发胖、能不得病吗？（当代/报刊/人民日报）

上述例句中，"灰尘""营养"和"问题"，"灰尘"属于有形物，而"营养"和"问题"属于抽象事物，三者在形式角色方面存在较大差异。但结合上下文分析，例①和例②中还包含了动作"堆"的结果"（得）老厚"和"成山"，例③中则包含了对于其形式角色特征方面的描述"那么多"，从上述结果和形式角色可以看出，上述事物在构成角色方面其数量均具有［＋数量多于 1］的语义特征，该特征与义项一中客体相同。例①中，空气中漂浮的"灰尘"，随着空气流动而附着到了家里各类物体的表面，因无人打扫，所以附着的数量越来越多。例②中，由于历史转变，导致旧问题和新问题同时存在，问题的数量越来越多。例③中由于过多"营养"的摄入，导致人体内营养越来越多，即在自然运动、社会运动或人体机能维持等的过程中，出现了越来越多的"灰尘""问题"和"营养"，这种数量增多的明显变化，与义项一中将分散的个体聚在一起相类似，因此在隐喻的作用下，肢体动作"堆"可表示东西或事物数量由少变多这一状态变化过程。

在该义项中，典型的对象有问题类（问题、工作、麻烦等），沙石类（岩石、沙、土、灰尘等），机体细胞类（脂肪、细胞、黑色素、营养等），冰雪类（冰、雪、霜等），植物类（叶子、花等），其中问题类相关的语料有389 条，沙石类相关的语料有 271 条，机体细胞类相关的语料有 170 条，冰雪类相关的语料有 147 条，植物类相关的语料有 146 条。

在部分语料中，为了凸显该类义项中"堆"的动力源，增加了相关描述，例句如下。

①富含钙质的水流淌了无数年，将碳酸钙堆积成城堡一般壮观的风景。（当代/网络语料）

②花园里堆满了被风吹落的腐朽的树枝。（当代/报刊/读者）

③菲律宾那次火山喷发，火山灰最厚的地方能堆上两百米。（当代/电视电影/非文艺）

上述例句中，例①中"水流淌"、例②中"被风吹落"和例③中"火山喷发"均表明了引起该类事物聚集的动力来源。

因此，根据该义项中动词"堆"所关涉的对象的物性角色语义特征，创设其意象图示如图 4-8 所示。

图 4-8 动词"堆"义项二的意象图示

该意象图示与义项①所不同的是：（1）因所涉及的对象包含抽象物，因此在源点图示中和终点图示中，均使用虚线；（2）从源点图示到终点图示中，手和其所操控的工具不存在，因此删除。

综上，根据该义项中，动作"堆"所涉及的受事对象形式角色的变化，将该义项描写为义项二：事物聚在一起，越来越多。～积|巨石～垒|～满脂肪的下巴|满地黄花～积|山上～着厚厚的积雪|乱石沙土～成了河床|各种问题越～越多。

（三）义项三：刻意做出表情

在语料库中，该义项的语料共有 562 条，占 14.31%。例句如下。

①刘东北咳一声，坐好，同时堆出满脸严肃。（当代/电视电影）

②为减体重节食多日的小伙子们脸上满堆胜利的喜悦。（当代/报刊/人

民日报）

③起轩也跟着骑上自己的车，脸上却堆满了怀疑的表情。（当代/文学）

上述例句中，动作"堆"所涉及的施事对象分别为"刘东北""小伙子"和"起轩"，均为人；处所对象均为"脸上"；受事对象分别为"严肃""喜悦"和"怀疑的表情"，均是人面部的表情。因此当处所对象为脸部，受事对象为表情时，该类语料中的的动作"堆"不再表示肢体动作，而表示面部动作，即"做出表情"。该类语料中典型的表情为笑容，共215条。在语料中，常通过该类增加形式角色的描写和"堆"所涉及的方式论元来凸显出该类客体在形式角色方面的语义特征，例句如下。

①脸上堆出装出来的诧异。（当代/网络语料）

②"二十五个法郎，"商贩堆着一脸谄媚的微笑。（当代/翻译作品/文学）

③我的心像是刀绞一样，强堆出笑说："谢谢，我吃过了。"（当代/报刊/作家文摘）

上述例句中，例①和例②中，分别增加了形式角色方面的相关描写"装出来的"和"谄媚的"，而例③中增加了动词"堆"的方式论元"强"，该类形式角色描写和方式论元凸显出笑容构成过程中［＋刻意］的语义特征。该类刻意做出的笑容，常存在数量多的语义特征。该语义特征与义项一中的客体数量变化结果相符。因此，在隐喻的作用下，肢体动作动词"堆"就用来表示面部动作。在语料库中，该类典型的笑容有：假笑、恭敬的笑、谄媚的笑等。

因此，根据该义项中动词"堆"所涉及的对象的物性角色语义特征，创设其意象图示如图4-9所示。

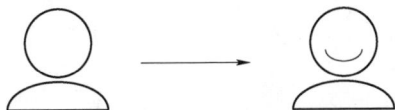

图4-9 动词"堆"义项三的意象图示

该意象图示与义项一所不同的是：（1）因所涉及的对象主要是人的面

部，因此在源点图示中和终点图示中，使用人形图标凸显；（2）从源点图示到终点图示中，人形图标面部出现了笑容，使用微笑图标表示。

综上，根据该义项中，动作"堆"所关涉的受事对象形式角色的变化，凸显将该义项描写为义项三：刻意做出表情。～笑 | ～欢 | 强～出笑 | ～出满脸严肃。

五、小结

本节将语料库技术、论元结构和物性结构理论相结合，重新分析、描写和解释了动词"堆"在现代汉语中的义项分布情况。

为了便于汉语二语学习者更加直观的掌握动词"堆"的各义项，我们根据各义项中的其所涉及的典型的主体、客体、处所和工具，制作了动词"堆"各义项与典型论元的搭配表，如表4-6所示。

表4-6　动词"堆"各义项与典型论元的搭配表

义项	典型主体	典型客体	典型结果	典型工具
用手或工具把东西成堆的放在一起	人	雪、沙、衣服、积木等	成堆的	手、铲车、堆土机
事物聚在一起，越来越多	石头、雪、树叶、问题等	—	越来越多	—
刻意做出表情	人	笑容、表情	—	—

第五章 "盖""铺"次类代表动词 义项划分及描写

第一节 动词"盖"的义项划分及描写

"盖"在《现代汉语频率词典》中使用度级次 530，使用度 111，词次 143，累计词次 972 310，频率 0.010 9，累计频率 73.973 6。在 CCL 语料库现代汉语语料中共出现 73 314 次，总汉字 10 645 个中排序为 1 511 位。并被归入《国际中文教育中文水平等级标准》四级词汇中。

一、现有词典中动词"盖"的义项划分及描写

《说文解字》中"盖"的释义为"葢，苫也。从艸，盍声"。《汉字源流字典》认为"盖"为会意兼形声字。篆文从艸（艹）从盍（覆）会意，盍也兼表声。隶变后楷书写作葢。异体作蓋，从艸，盍声。如今兼简化做盖。其本义为建房子用的毛苫等覆蔽物。

《现汉》中作为动词的"盖"的释义如下。

义项一：由上而下地遮掩；蒙上：遮～|～盖儿|～被子|撒种后，～上一层土◇丑事想～也～不住。

义项二：由上而下按压（印）：～钢印｜～图章。

义项三：超过；压倒：他的嗓门儿很大，把被人的声音都～下去了｜他的竞选演说非常精彩，～过了其他参选人。

义项四：建筑（房屋）：翻～｜宿舍～好了。

《现规》中作为动词的"盖"的释义如下。

义项一：把盖儿扣在器物上；蒙上：～锅盖｜覆～。

义项二：掩饰：欲～弥彰｜掩～。

义项三：打上（印章）：～章｜～钢印。

义项四：压倒；超过：海啸声～过了一切声响｜～世无双。

义项五：建筑；大概：房子～好了。

上述两部词典中，动词"盖"的义项数略有不同，《现汉》中义项数为4个，《现规》中为5个，增加了表"掩饰"的义项。

在四部汉语学习词典中，"盖"的释义如表5-1所示。

表5-1 汉语学习词典中动词"盖"的释义

义核	《现学》	《8000词》	《商务馆学》	《当汉学》
遮	由上而下地遮掩；蒙上	由上而下地遮掩；蒙上	用物体遮住（另一物体）	把东西放置在人或物体上面，使部分或全部不露出来
隐瞒	隐瞒；掩盖	—	—	遮挡；掩饰
建造	—	建筑（房屋）	修建（房屋）	建造房屋等
印	打上（印）	打上（印）	—	从上往下按压，使图章等在纸等上面留下印记
超过	超过；压倒	超过；压倒	—	压倒；超过

上述四部汉语学习词典中，动词"盖"的义项划分和描写均不相同。从义项划分方面来看，《商务馆学》中的义项数最少，仅为2个；其次为《8000词》和《现学》（孙版）中的义项数均为4个，但其在义项排列方面有有所不同；《当汉学》中的义项数为5个。从义项描写方面来看，相似义项中使用的义核基本一致，但《现学》（孙版）《当汉学》在释义中凸显了"盖"

的方向论元"由上而下/从上往下"。

上述词典对动词"盖"的义项划分和描写为本节中"盖"的义项划分和描写奠定了基础。

二、汉语二语学习者动词"盖"的习得偏误

为了解汉语二语学习者对动词"盖"的掌握情况，我们在 HSK 动态作文语料库中进行了检索。检索后发现部分因对动词"盖"语义不清楚而产生的偏误。例句如下。

①有的在车上吸烟，给（*给）别人都<u>盖</u>着嘴。（语料编号：20040552252215003）

②有一个人的时候犯错误的话，从那个来的损失，损害都<u>盖</u>在那一个人身上。（语料编号：199605104525100240）

③小乌龟被水草绑住了脚，动不了。于是我马上用网将它<u>盖</u>上，然后，慢慢地把它抓起来。（语料编号：199910512501150002）

除了例①中"盖着嘴"这样的表达外，例句中还出现了"盖着眼"这一类的表达，我们认为此类表达都是因为二语学习者不清楚动词"盖"所涉及的工具论元的语义特征，从而产生了偏误。例②中的偏误，可能是由于二语者对动词"盖"所涉及的主体论元的语义特征不清楚而导致的，即二语学习者错误的把具有抽象语义特征的"损害"作为了"盖"的主体使用。例③中的偏误，可能是由于二语者对动词"盖"所涉及的客体和结果论元的语义搭配不清楚而导致的，将其修改为"盖住"更为恰当。

通过分析上述语料，我们发现但对应上述四部词典中动词"盖"的释义，其在解决留学生出现的偏误方面还有所缺失，仍可继续探讨和完善。

三、建立动词"盖"的平衡语料库

截至 2021 年 9 月，CCL 语料库中"盖"字的现代汉语语料共计 16 658

条，约 151 万字，按比例抽取了共计 10 000 条约 93 万字的语料建立动词"盖"的平衡语料库。动词"盖"的平衡语料库所含各类语料情况见表 5-2。

表 5-2　动词"盖"平衡语料库的语料分布情况

二级分类	三级分类	四级分类	下载语料	抽样语料	三级分类合计
当代	CWAC	—	683	683	683
	口语	—	132	132	132
	史传	—	516	516	516
	应用文	中国政府白皮书	103	103	1 348
		健康养生	208	173	
		法律文献	100	100	
		社会科学	721	174	
		自然科学	354	174	
		药方	485	174	
		菜谱	810	174	
		议论文	136	136	
		词典	762	113	
		说明书	27	27	
	报刊	1994 年报刊精选	4 451	186	1 344
		人民日报	11 087	186	
		作家文摘	1 276	185	
		市场报	689	185	
		故事会	24	24	
		新华社	14 247	186	
		读书	2 123	186	
		读者	1 477	185	
		青年文摘	21	21	
	文学	—	4 866	1 346	1 346
	电视电影	文艺	432	432	900
		非文艺	468	468	
	相声小品		222	222	222

续表

二级分类	三级分类	四级分类	下载语料	抽样语料	三级分类合计
当代	网络语料	—	2 607	1 348	1 348
	翻译作品	应用文	1 022	674	1 348
		文学	5 130	674	
现代	戏剧	—	40	40	40
	文学	—	773	773	773
合计			55 992	10 000	10 000

对动词"盖"平衡语料库中 10 000 条语料依次标注后，发现语料中有作为名词的语料 1 695 条，如"盖子""膝盖""红盖头"；有外来语音译词的语料 1 327 条，如"盖茨""盖恩斯"；有作为"表原因或理由"的连词、表"大概""恐怕"的副词、表用于句首的语气词的语料共 512 条，如"盖因……的缘故""盖五六百人也""盖夫……"；有作为专有名词的语料 120 条，如黄盖（人名）、晁盖（人名）、《金盖心灯》（书名）；有作为姓"盖（Gě）"使用的语料 72 条，如"盖丽丽""盖白"。以上 3 724 条语料对于动词"盖"的义项划分没有研究价值，均未标注义项，不做讨论与说明。有效语料条数共计 6 276 条。

四、动词"盖"义项划分及描写

袁毓林在讨论动词"盖"的语义结构时，根据其所涉及对象的不同，将其分为了两类配价结构，分别如下。

第一类："盖"是二元三位三项四联动词。其能关联的四个从属成分为施事、受事、工具和处所（受事），描写为 V：{A，P，I，L（P）}，配价实例如下。

盖： 我哥用雨布～麦子　　　　我哥把雨布都～麦子上了
　　　几张雨布他全～麦子上了　麦子上～着旧雨布
　　　我给孩子～了一条毯子　　我把毯子～孩子身上了
　　　我儿子～着一条毯子　　　孩子身上～着一条毯子

第二类："盖"是二元二位三项三联动词。其能关联的三个从属成分为施事、受事和处所，描写为 V：{A，P，L}，配价实例如下。

盖：　他们在山里～了一所小学　　他们把工厂～在河边

　　　小楼～在山坡上　　　　　　山坡上～着一排小洋楼

从上述分析可知，当动词"盖"的语义不同时，其所涉及的对象数量和类型均不相同。

（一）义项一：东西从上往下地放在其他物体上，使部分或全部不漏出来

在动词"盖"平衡语料库中，该义项共有 2 701 条，占 43.04%。例句如下。

①蒋介石总是先用一条毛毯把自己的双腿盖好。（当代/史传）

②将蛋液碗放在锅内，加入开水 500 克，盖上锅盖。（当代/应用文/菜谱）

③直至把棺材用坚硬土块盖得严密后。（现代/文学）

上述例句中，动词"盖"的主体论元均为人，而具体分析发现动作"盖"主要是由人体的手部发出完成。其客体论元分别为"锅""双腿"和"棺材"，在形式角色方面均具有［有形物］的语义特征。其工具论元分别为"毛毯""锅盖"和"土块"，虽然在形式角色方面语义特征各不相同，但在功用角色方面具有"遮盖"作用。在语料库中，所涉及的典型工具论元有：被褥类（被子、毯子、席子等）、盖子类（锅盖、瓶盖、杯盖等）、服饰类（衣服、围巾、帽子等）、沙土类（沙、土、泥、灰尘等）和植物类（叶子、树枝、草、花等），其中被褥类的的语料共 789 条，盖子类的语料共 213 条，服饰类的语料共 149 条，沙土类的语料 72 条，植物类的语料 42 条。

同时，发现语料中常通过增加动词"盖"的结果论元和目的论元的方式来凸显其目的，例句如下。

①用过墨水后，一定要把墨水瓶盖<u>盖</u>好，以防空气跑入。（当代/应用文/自然科学）

②他俩把枪埋在地瓜沟里，在上边<u>盖</u>上地瓜蔓，隐蔽好。（当代/文学）

③每次取用青贮料后用薄膜<u>盖</u>紧，尽量减少空气接触青贮料。（当代/CWAC）

上述例句中，分别增加了结果论元"（盖）好，以防空气跑入""隐藏好"和"紧"，例③中还增加了目的论元"减少空气接触青贮料"。增加的结果论元或目的论元均凸显出了动词"盖"的目的，即动词"盖"是人由于"为了使东西不露出来"而使用其他物体将其遮盖住的动作。

在《现汉》释义中，还强调了动词"盖"的方式论元为"由上往下"。在语料库中，常通过添加结果论元"（盖）上""（盖）下"或明确处所论元"上面/边"，此类语料共895条。例句如下。

①要放入冰箱保存，并且<u>盖</u>上保鲜膜。（当代/应用文/健康养生）

②黑索抖动，转成两个圆圈，从半空中往张无忌头顶<u>盖</u>下。（/当代/文学）

③我便用吊兰长长的、串生着小绿叶的垂蔓蒙<u>盖</u>在鸟笼上。（当代/报刊/读者）

《汉语源流》中指出"盖的本义为建房子用的毛苫等覆蔽物。"王冬梅指出"有些名词与它所转指的动词之间是覆盖物和覆盖的关系"，并认为"这类词和工具转指动作类有交叉，有的也可归入工具转指动作类"。该义项由其本义表"覆蔽物"的名词引申而来，我们将该覆盖物理解为其工具。根据该义项中涉及的相关对象，基于以下理据创制其意象图示：（1）动作"盖"发生后，各对象的位置发生了变化，因此用"→"来体现这一改变，其中，"→"左侧是源点图示，右侧是终点图示；（2）在源点图示中，存在一个客体，用 P 来表示；（3）在过程中存在一个工具，用 I 表示，为凸显其功用角色"覆盖"的语义特征，其可覆盖的体积大于客体 P，且其运动方向为由上而下，用粗箭头表示；（4）在终点图示中，动作"盖"发生后，工具 I 的位置发生了变化，移动到了客体 P 的上面。其表现如图5-1所示。

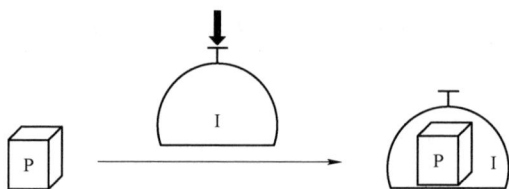

图 5-1　动词"盖"义项一的意象图示

在语料库中，动词"盖"的主体论元除了"人"以外，还有部分主体为自然物。在语料库中，主体为具有［－主动］语义特征的语料共 537 条，例句如下。

①阳光盖在她身上。（当代/文学）

②那正是一个极冷的天，严霜把屋顶盖白了。（现代/文学）

③香蕉树用它宽大的叶子覆盖累累的果实。（当代/文学）

上述例句中，动词"盖"所涉及的主体分别为"太阳""橡胶树"和"严霜"，客体分别为"身体""果实"和"屋顶"，工具为"光""叶子"和"霜"，可以看出工具和主体常统一于一体。例①中，由于太阳的自然运动，阳光的位置慢慢移动到了身体上；例②中，随着气温的降低，水不断凝结为霜，随着时间的变化，屋顶上全出现了霜；例③中，香蕉叶子和果实的相对位置，使果实不容易被发现。虽然上述例子中主体、客体、工具均存在较大差异，但其出现了与动词"盖"实施后相类似的结果。因此，在隐喻的作用下，该类似结果采用了肢体动作词"盖"来表示。在语料库中，典型的自然物有：冰雪类（雪、冰、霜等）、植物类（森林、树木、花、草等）、云雾类（云、雾、烟等）、光影类（光、影子等），其中主体为冰雪类的语料有 193 例，植物类的语料有 179 条，云雾类的语料有 78 条，光影类的语料有 36 条。

综上，建议凸显该义项中"盖"所涉及的工具、方式、结果论元，将该义项中的动词"盖"描写为义项一：东西由上而下地放在其他物体上，使部分或全部不漏出来：铺天～地｜～被子｜～紧｜～上锅盖｜～得严严实实｜用薄膜把苗～起来｜瓶盖没有～好，水都洒了出来。｜地上～着一层厚厚的雪。

（二）义项二：遮挡，掩饰，使不被察觉或发现

除了义项一中所涉及的客体均为有形物，但在语料库中，动词"盖"还与一些抽象的客体相关连，这些客体在形式角色方面不再具有［＋有形物］的语义特征，且所涉及的工具论元也随之发生了变化。在语料库中，客体为抽象事物的语料共有 615 条，占 9.80%。例句如下。

①一般的明星尤其香港的明星，会把自己的私生活<u>盖</u>得严严的。（当代/口语）

②她得把这豁嘴儿、没鼻子说到头里，瞒着<u>盖</u>着不成。（当代/相声小品）

③我总是服务别人来掩<u>盖</u>自己的不自然。（当代/CWAC）

上述例句中，动词"盖"的主体均为"人"。但其客体则分别为"私生活""（豁嘴、没鼻子的）实情"和"不自然（的感觉）"，均为抽象事物，且该类事物在形式角色方面具有［内在性］，在评价角色方面常为具有"贬义"的语义特征。语料库中，典型的抽象类的客体有丑闻、真相、问题、缺陷、野心等。

在该义项中，通常还增加工具论元来说明动词"盖"的方式，常使用"用/利用""以……来""凭"等表达来引入其工具论元。例句如下。

①不能以功绩掩<u>盖</u>错误。（当代/CWAC）

②利用时空的无限性和现代科学水平对某些时空认识的局限性来遮<u>盖</u>他的无知。（当代/报刊/人民日报）

③他们凭自己的知名度来掩<u>盖</u>违纪。（当代/报刊/人民日报）

上述例句中，动词"盖"的客体分别为"错误""无知"和"违纪"，这些客体在工具论元分别为"贡献""局限性"和"知名度"。根据上述分析发现，当客体论元为"不好的情况"或"不希望被发现"的抽象事物时，动作"盖"的实施就是试图使这些事物隐藏起来，不被发现，其结果与义项一中具体事物被盖住后的结果一致。因此，根据该义项中动词"盖"所涉及的客体和工具的物性角色和结果论元的语义特征，创设其意象图示如图 5-2 所示。

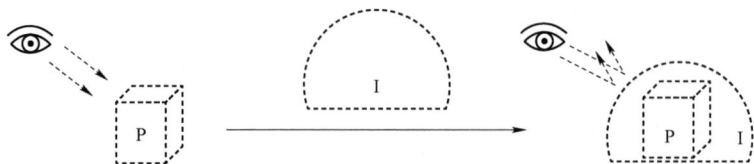

图 5-2 动词"盖"义项二的意向图示

该意象图示与义项一所不同的是：（1）为了凸显其结果论元，在源点图示中均增加了表示眼睛的图标，并通过视线虚线的变化，凸显结果论元"被隐蔽"的结果；（2）因该义项中客体和工具均不再具有有形物特征，因此采用虚线表示；（3）因为抽象事物，工具的运动方向不凸显。

综上，建议凸显该义项中"盖"所涉及的客体、工具、结果论元，将该类语料中"盖"的义项描写为义项二：遮挡，掩饰，使不被察觉或发现。掩～|遮～|掩～罪行|遮～过失|丑事～不住|这件事被～得死死的。|我用微笑来掩～内心的不满。

（三）义项三：里边包含，包括

除了义项一和义项二中的具体和抽象的客体外，语料库中还出现了一类具有明显"集合"语义特征的客体，如书中的章节、不同的城市、不同的时间集合等。在语料库中，含"集合"这一语义特征的客体的语料共 1 089 条，占 17.35%。例句如下。

①他的理论涵盖了科学、哲学、宗教、艺术以及语言学等各种领域。（当代/口语）

②报道内容覆盖了经济、商业、政治和体育等各个方面。（当代/史传）

③这项计划至少要覆盖 30 年至 40 年甚至更长的期限。（当代/CWAC）

上述例句中，动词"盖"的主体论元分别为"理论""报道内容""计划"，均为抽象的主体。客体分别为"科学、哲学、宗教、艺术以及语言学

等各种领域""经济、商业、政治和体育等各个方面"和"30年至40年甚至更长的期限",这些客体分别属于研究领域、社会领域和时间领域,在形式角色方面的共同性较少,但构成角色方面均存在一个个的个体,具有较强的集合性特征。同时,我们发现,该类语料中的并未出现相关的工具论元。当动作"盖"实施后,主体的范围得以明确,主体和各客体之间的关系与义项一中工具和客体的关系相类似,即处于某物覆盖下,居于其范围之内。因此在隐喻的作用下,动词"盖"产生了包括在内的语义。

根据该义项中,"盖"主体和客体的语义特征和关系的变化,创设其意象图示如图5-3所示。

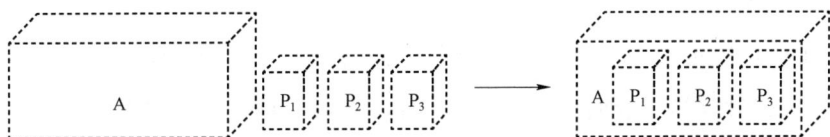

图5-3 动词"盖"义项三的意象图示

该意象图示与义项一所不同的是:(1)源点图示中增加了主体,因其常为抽象的主体,因此用虚线表示,并用字母A标识;(2)源点图示中的受事对象常为多个个体,因此分别标识为 P_1、P_2、P_3;(3)过程中,工具论元未出现,因此删除工具论元;(4)终点图示中,主体A将客体 P_1、P_2、P_3 均覆盖在其下,即客体 P_1、P_2、P_3 被包含到了主体A的范围内。

综上,建议凸显该义项中"盖"所涉及的主客体和二者之间的关系变化,将该义项描写为义项三:里边包含,包括。涵～|覆～多个领域||涵～各个环节|这门课程的内容涵～了宗教、艺术、文学等知识。|这家公司的营销覆～全国80%的城市。

(四)义项四:从上往下按压,使图章等在纸等上留下印记

在语料库中,因涉及的工具论元较为特殊,动作"盖"实施后对客体而言产生的结果不再是被工具所覆盖。该义项的语料共719条,占11.46%。

例句如下。

①(《千里江山图》)这件传世之宝曾经五代皇帝赏玩并加<u>盖</u>玉玺印。(当代/报刊/新华社)

②签证是一国国内或驻国外主管机关在本国公民或外国人所持护照等合法证件上，加<u>盖</u>准其出入国境的印章和签注。(当代/应用文/自然科学)

③(这份文件)单位盖章处要加<u>盖</u>公章。(当代/网络语料)

上述例句中，动词"盖"所涉及的主体均为人，客体分别为"《千里江山图》""护照等合法证件"和"文件"，处所分别为"《千里江山图》上""护照等合法证件上""文件上的单位盖章处"，工具分别为"玉玺""印章"和"公章"。对比该义项和义项一中的工具论元后，我们发现该义项中的工具论元在功用角色方面除具有"遮盖"作用外，还具有在受事对象上留下相应印记的作用。当动作"盖"实施时，不仅将该工具放置在了受事对象上，还将其印记留在了受事对象上。除了上述典型的工具玉玺、印章类事物外，其他一些具有上述功用的事物，也可以作为该义项的工具，例句如下。

①末底改奉亚哈随鲁王的名写谕旨，用王的戒指<u>盖</u>印。(当代/翻译作品/应用文)

②这高山族也不会写字，也没有图章，也不会签名，没关系，<u>盖</u>手印。(当代/电视电影/非文艺)

上述例句中，动词"盖"所涉及的工具分别为"戒指"和"手"，虽然二者在日常使用时不具备与"玉玺""印章"一样的功能，但在上述例句中，"戒指"和"手"的后面均增加了"印"，表明了其承担了与"玉玺""印章"相同的功用，即能在受事对象上留下相应痕迹，它们就成为动词"盖"的工具。因此，我们认为当动词"盖"所涉及的工具是具有特定功能的事物时，动词"盖"的结果也被凸显了出来，即受事对象不仅被覆盖了，同时其上还出现了工具所留下的相应印记。

根据该义项中，动词"盖"所涉及的工具论元和结果论元，创设其意

象图示如图 5-4 所示。

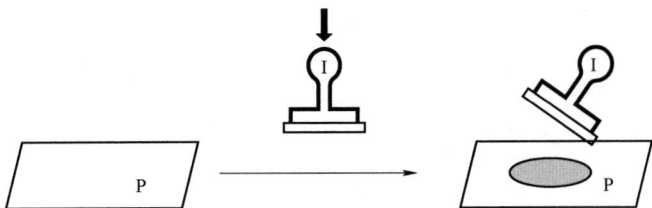

图 5-4 动词 "盖" 义项四的意象图示

该意象图示与义项一所不同的是：（1）源点图示中，受事对象的平面性较为突出，因此使用平面图形表示；（2）工具论元采用典型工具 "章" 的图形表示；（3）终点图示中，在工具 I 的作用下，客体 P 上留下了相应的痕迹，采用圆形图示表示。

综上，建议凸显该义项中 "盖" 所涉及的工具论元和结果论元，将该义项描写为义项四：从上往下按压，使图章等在纸等上留下印记：～章 | ～玉玺 | ～了手印 | 护照上～着水印 | 这份文件～少了一个公章。

（五）义项五：建造房屋等

该义项中的 "盖" 属于是二元二位三项三联动词，其能关联的三个从属成分为施事、受事和处所，描写为 V：{A，P，L}。在语料库中，该义项的语料共 861 条，占 13.72%。

①他在森林旁的空地上盖起了自己的实验室。（当代/史传）

②那人在学校院子里盖了几排猪圈。（当代/文学）

③（他）却盖了栋小楼在这后面的山上。（当代/文学）

上述例句中，动词 "盖" 所涉及的主体都是人；客体为 "实验室""猪圈" 和 "小楼"，从其形式角色分析，均具有一个明显的覆盖面，如 "屋顶" 或 "房顶"；处所为 "空地""院子里" 和 "山上"。在该义项中，当动词 "盖" 实施后，主体被覆盖在了客体内，其结果与义项一中相类似。

119

除了典型的房屋类客体外，语料中还出现了一些在构成角色方面与房屋类不相同的客体，例句如下。

①以一个个的砖块渐渐<u>盖</u>起一道城墙。（当代/翻译作品/文学）

②她家后院<u>盖</u>了个小游泳池。（当代/史传）

③今天某大臣要<u>盖</u>花园。（当代/CWAC）

上述例句中，动词"盖"所涉及的客体分别为"城墙""游泳池""花园"，从形式角色方面来看，这些客体均不具备一个明显的覆盖面，与房屋类具有较大的差异，但从构成角色方面来看，其与房屋类建筑均是由砖、水泥等构建起来的土木工程。

根据该义项中，动词"盖"所涉及的客体论元为人造的土木工程，创设其意象图示如图 5-5 所示。

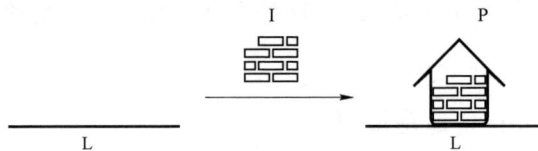

图 5-5 动词"盖"义项五的意象图示

该意象图示与义项一所不同的是：（1）源点图示中，仅存在处所，用线条和字母 L 标识；（2）工具论元采用典型工具"砖"的图形表示；（3）终点图示中，在动作"盖"和工具 I 的共同作用下，客体 P 形成，采用典型的客体房屋的图形表示。

综上，建议凸显该义项中"盖"所涉及的客体论元的构成角色，将该义项描写为义项五：建造房屋等建筑。～房 |～工厂 | 宿舍楼～好了 | 这里要～一个小学。| 这个公园～得非常漂亮。| 因为资金出了问题，房子盖了一半，就停工了。

（六）义项六：压倒；超过

在语料库中，我们发现部分语料的主体和客体属于同类型的事物，但与义项三不同的是主体和客体之间不存在包含与被包含的关系。该义项的语料共 291 条，占 4.64%。例句如下。

①他的业务<u>盖</u>过所有的设计师。（当代/报刊/1994 年报刊精选）

②车队的周围的咸鱼气味，把秦始皇尸体的臭味掩<u>盖</u>过去了。（当代/应用文/社会科学）

③雨声<u>盖</u>过了一切声响。（现代/文学）

上述例句中，例①中动词"盖"的主体的是"他的业务"，客体是"所有的设计师（的业务）"；例②中动词"盖"的主体是"咸鱼气味"，客体是"尸体的臭味"；例③中动词"盖"主体是"雨声"，客体是"一切声响"，其主体和客体属于同类型的事物，但在量的大小方面存在差异。在语料库中，动词"盖"所涉及的典型的主客体有：功夫类、功绩类、声音类、才能类，其中含功夫类的语料有 70 条，功绩类的 50 条，声音类的 39 条、才能类的 35 条。

为了凸显主体和客体在量的大小方面的差异，语料中常会增加凸显量方面的相关表述，例句如下。

①一声尖利的女声竟然完全<u>盖</u>过了高音喇叭。（当代/电视电影/文艺）

②尽管本场比赛另一名球员吴伟安也很优秀，但是卢彦仍然光芒<u>盖</u>过队友。（当代/网络语料）

③杭州美景<u>盖</u>世无双。（当代/相声小品）

在例①中，为了凸显主体和客体的量的差异，在主体前增加了有关其形式角色的描写"尖利的"，在客体前也增加了有关其形式角色的描写"高音"，并在动词"盖"前增加了表出乎意料的语气副词"竟然"，凸显主体量大于客体的特征。在例②中，则是通过对客体的描写"吴伟安也很优秀"，并使用表转折关系的"尽管……但是……"来凸显出主体量大于客体的特征。而例③中则增加了"无双"，凸显杭州美丽的唯一性。当主体和客体属于同类事物，且主体的量大于客体时，二者量之间的对比与义项一中工具与客体量之间的关系相似，在转喻的作用下，表肢体动作动词"盖"产生了表比较的语义。

根据该义项中，动词"盖"所涉及主体和的客体论元量的大小差异时，创设其意象图示如图 5-6 所示。

图 5-6 动词"盖"义项六的意象图示

该意象图示与义项一所不同的是：（1）源点图示中，既存在主体论元 A，又存在客体论元 P；（2）没有工具论元；（3）终点图示中，主体 A 大于客体 P，可将客体 P 覆盖于内；（4）在该义项中，主体和客体其实并未发生实质性的位置变化，因此采用虚线的箭头来表示转变的过程。

该义项中，还有部分语料并未明确主体和客体，此类语料共 11 条，例句如下。

①哥儿们在饮食店吃酒胡<u>盖</u>乱吹，曾宪讲到"7 号"，说她竟然是他朋友的朋友的女朋友。（当代/文学）

②她那时正和奶奶坐在客厅里"乱<u>盖</u>"，……，她就一直说个没停，……，她已经快把外国电影里看来的东西都用光了。（当代/文学）

③有人在天不吐国边界上打个泡，回来写了三本游记，<u>盖</u>得天花乱坠。（当代/文学）

上述例句中，没有量大小存在差异的主体和客体，但结合上下文分析，可知其相对比的是人对于某事物的描述和该事物的实际情况，而且人对于该事物的描写远远超过了其实际程度，为了凸显这种量大小之间的差异，在动词"盖"之前还增加了方式论元描述"胡""乱"。

综上，建议凸显该义项中"盖"所涉及的主体论元和客体论元量大小的差异，将该义项描写为义项六：压倒；超过。盖～无双 | 武功～世 | 读书声～过了雨声 | 糖可以～过酸味 | 我一定要在比赛中把你～下去。| 公司里，新人被老人～住了。

五、小结

本节将语料库技术、论元结构和物性结构理论相结合，重新分析、描写和解释了动词"盖"在现代汉语中的义项分布情况。

和《当汉学》中的义项划分和描写相比较，做出如下变化。

（1）新增义项1个。根据本书的研究，我们发现表"里边包含，包括"的义项三在语料使用频率较高，其涉及的主体、客体和工具论元与义项一中表肢体动作中存在较大区别，因此建议为其增设一个义项。

（2）在释义描写方面，补充了各个义项中应被凸显的语义特征。义项一中补充了动词"盖"的方向"从上到下"。结合语料，我们发现，大量语料中均通过增加方式论元、结果论元或处所论元的方式来凸显动作"盖"的方向，因此，为了将其与其他放置类动词的更好地区分开，建议在义项一中补充其方式论元。在义项二中，补充了动词"盖"的目的论元"使不被察觉或发现"。结合语料，我们发现，该义项中的客体论元在形式角色方面具有［内在性］，在评价角色方面常为具有"贬义"的语义特征，因此根据"同场同模式"原则，在释义描述中增加目的论元的描写，使其与义项一的释义描写方式相一致。

为了便于汉语二语学习者更加直观的掌握动词"盖"的各义项，根据各义项中的其所涉及的典型的主体、客体、处所和工具，制作了动词"盖"各义项与典型论元的搭配表。如表5-3所示。

表 5-3　动词"盖"各义项与典型论元的搭配表

义项	典型主体	典型客体	典型处所	典型工具	典型材料
东西从上往下地放置在其他物体上，使部分或全部不漏出来	人	人、物体	身体上、物体表面	被褥类、盖子类、服饰类、沙土类、植物类	—
	自然物			冰雪类、植物类、云雾类、光影类	—
遮挡，掩饰，使不被察觉或发现	人	丑事、真相、缺陷	报告中、行为动作时	方式、方法、行为动作	—
里边包含，包括	内容、思想、理论等	领域、方面、地区、时间	主体中	—	—
从上往下按压，使图章等在纸等上留下印记	人、公司、单位等	纸、文件、物体表面	纸上、文件上	章、印、手等	—
建造房屋等	人	房子、楼、学校、工厂等	空地上、山上等	—	砖、瓦、水泥、木头等
压倒；超过	声音、能力、气味、味道等	声音、能力、气味、味道等	气味、味道等		

第二节　动词"铺"的义项划分及描写

"铺"在《现代汉语频率词典》中使用度级次 573，使用度 68，词次 86，累计词次 1 063 400，频率 0.006 5，累计频率 80.903 7。在 CCL 语料库现代汉语语料中共出现 73 314 次，总汉字 10 645 个中排序为 1 749 位。并被归入《国际中文教育中文水平等级标准》六级词汇中。

一、现有词典中动词"铺"的义项划分及描写

《说文解字》中"铺"的释义为"铺，箸门铺首也。从金甫声"。《汉字源流字典》认为"铺"为形声兼会意字。篆文从金，甫声，甫也兼表展布之意。隶变后楷书写作鋪。异体作舖，从舍。如今规范化，鋪简化作铺，为正体。其本义为铺首，即旧时门环的底座，以铜为兽面，衔环著于门上。

由铺首紧敷在门上，引申用作动词。

《现汉》中作为动词的"铺"的释义为把东西展开或摊平。

《现规》中作为动词的"铺"的释义为把东西展开或摊平放置。

上述两部词典中，动词"铺"的义项数和释义义核均基本一致。不同汉语学习词典中对"铺"的释义对比如表 5-4 所示。

表 5-4 汉语学习词典中动词"铺"的释义

词典	义项一
《现学》（孙版）	铺设，把东西展开或摊平。～床｜平道路｜这孩子～平了道路就钻了进去。｜铁轨已经～好，很快就可以通车。｜地上～了一层沙土
《8000 词》	把东西展开或摊平。～设。～床｜～路｜～轨｜～沙子｜～地毯｜～砖｜～得快｜～得好｜要～｜开始｜｜需要～｜想～｜及时～｜室内的墙刷好了，地板也～上了｜床都～好了，准备睡觉了｜这条告诉公路从深圳一直～到北京
《商务馆学》	在某物体上把东西展开。～床｜在地上～一张报纸坐下｜把新床单～到床上｜他在地上～了一些草｜这儿新～了一条马路
《当汉学》	把东西展开或摊平。～床｜～轨｜～设｜～展｜～床单｜～地毯｜～路石｜把地图～在桌子上｜毯子别～得太大｜桌子上～着洁白的桌布｜卧室里～的是实木地板｜牛排下面～了一层生菜叶｜他们在花园里～了一条小石子儿路｜他在桌上～开纸，准备写一幅字◇平～直叙

上述四部汉语学习词典中，动词"铺"的义项数均为 1 个，且描写基本与《现汉》《现规》一致，释义义核为"摊/展开"和"摊/展平"，但《商务馆学》中描写中增加了处所论元"在某物体上"。上述词典为本节中"铺"的义项划分和描写奠定了基础。

二、汉语二语学习者动词"铺"的习得偏误

为了解汉语二语学习者对动词"铺"的掌握情况，我们在 HSK 动态作文语料库中进行了检索，"铺"字出现的总频次为 29 次，错误频次为 11 次，错误率为 37.93%，错误率较高，且主要为错别字，例句如下。

①进去那个沙滩以后，补（*铺）布料躺在沙滩上。（语料编号200105217525100081）

②您已经设计好我的一生，让我走在您敷（*铺）好的轨道上。（语料

编号：200104124525200221）

③人生的道路，往往不会象（*像）每个人所期望的，是一条笔直的，埔（*铺）满了鲜花的大道。（语料编号：199909529529151004）

例①中，留学生分别将"铺"与"补"混淆了，一方面可能由于发音较为相似，另一方面也可能由于学生认为"补"的衣字旁与"布"意思相关联而将"补"误用为了"铺"。例②中，留学生将"铺"与"敷"混淆了，一方面可能是由于二者发音相似，另一方面在语义上"敷"也可表示在物体的表面展开某物，如"敷面膜"，因此导致学生误用。例③中，留学生将"铺"与"埔"相混淆了，二者声旁一致，在句中"铺"所涉及的对象为"路"，该生可能会认为"土字旁"的"埔"从形式结构上与"路"的关联性更强，因而混用。

三、建立动词"铺"的平衡语料库

截至 2021 年 9 月，CCL 语料库中"铺"字的现代汉语语料共计 27 471 条，约 248 万字，按比例抽取了共计 10 000 条约 90 万字的语料建立动词"铺"的平衡语料库。动词"铺"的平衡语料库所含各类语料情况见表 5-5。

表 5-5　动词"铺"平衡语料库的语料分布情况

二级分类	三级分类	四级分类	下载语料	抽样语料	三级分类合计
当代	CWAC	—	105	106	106
	口语	—	29	30	30
	史传	—	225	226	226
	应用文	中国政府白皮书	6	6	1 017
		健康养生	34	34	
		法律文献	3	3	1 017
		社会科学	191	191	
		自然科学	106	106	

二级分类	三级分类	四级分类	下载语料	抽样语料	三级分类合计
当代	应用文	药方	9	9	
		菜谱	241	241	
		议论文	23	23	
		词典	404	404	
		说明书	0	0	
	报刊	1994 年报刊精选	2 585	266	1 909
		人民日报	6 307	267	
		作家文摘	826	267	
		市场报	532	266	
		故事会	24	24	
		新华社	5 322	267	
		读书	825	267	
		读者	691	266	
		青年文摘	19	19	
	文学	—	3 795	1 909	1 909
	电视电影	文艺	365	365	508
		非文艺	143	143	
	相声小品	—	314	314	314
	网络语料	—	842	842	842
	翻译作品	应用文	265	265	1 909
		文学	2 010	1 644	
现代	戏剧	—	53	53	53
	文学	—	1 177	1 177	1 177
合计			27 471	10 000	10 000

对抽取 10 000 条语料依次标注后，发现语料中有作为发音为 "pù" 的语料 4 429 条，如 "店铺""卧铺"等；有作为专有名词的语料 168 条，如白塔铺（地名）、西朗卡铺（品牌名）、《十字铺》（书名）等；有作为量词的语料 13 条，如 "一铺大炕""佛三铺"等；有错别字语料 8 条，如 "上

海市黄（*浦）铺区""基铺（*辅）"。以上 4 618 条语料对于动词"铺"的义项划分没有研究价值，均未标注义项，不做讨论与说明。有效语料条数共计 5 382 条。

四、动词"铺"的义项划分及描写

袁毓林认为在探讨动词"铺"配价结构时，根据其所涉及的不同主体将其配价结构区分为三类。

第一类：二元三位三项三联动词。其能关联的三个从属成分为施事、受事和处所，描写为 V：{A，P，L}，配价实例如下。

铺：　　他在桌上～了一块桌布　　桌布你～这儿吧

　　　　他把桌布～饭桌上了　　　桌布被他～饭桌上了

　　　　那块桌布早～餐桌上了　　餐桌上～了一块桌布

第二类：二元三位三项三联动词，其能关联的三个从属成分为施事、结果和材料，描写为 V：{A，R，Ma}，配价实例如下。

铺：　　他们用那些沥青～了一条公路　　那些沥青他们～了条公路

第三类：二元三位三项四联动词，其能关联的四个从属成分为施事、受事、材料和处所，描写为 V：{A，P，Ma，L}，配价实例如下。

铺：　　我们用瓷砖～厨房　　　　　厨房我们用瓷砖～

　　　　老李在大厅里也～了瓷砖　　那些瓷砖我都～大厅里了

　　　　小牛把瓷砖全～厕所里了　　这些瓷砖我们～厨房

　　　　我们去年在这条马路上～了一层沙子

　　　　这条马路我们去年～过一层沙子

从上述分类和描写中发现，动词"铺"可以涉及的主要对象有主体、客体、处所、结果和材料。

前述词典中关于动词"铺"的释义差异并未显示其所涉及的各类对象变化而产生的词义变化。为了更进一步分析动词"铺"的多义性和各义项之间的关系，我们对语料库中的"铺"所涉及的主客体、空间、材料、结

果等对象进行了分析和归类，结果表明该动词在现代汉语中具有三个主要义项。

（一）义项一：东西展开或摊平放在其他物品上

在动词"铺"平衡语料库中，该义项共有 4 242 条，占 78.82%。例句如下。

①他从身上找出张又脏又皱的纸，（在桌上）铺开。（当代/文学）

②把军被由折叠改为平铺。（当代/网络语料）

③父亲迫不及待地将挂图展开，铺在方桌上。（当代/报刊/人民日报）

上述例句中，动词"铺"所涉及的主体为人；受事对象分别为"纸""军被""挂图"，其形式角色方面均具有［+扁平性］，同时，从上下文中，可以发现"皱的纸""折叠的军被"更凸显出了受事对象［+可延展］的语义特征；处所对象分别为"在桌上""床上""方桌上"。除了主体、客体和处所对象外，例①中还增加了结果论元"开"，例②中增加了方式论元"平"，例③中使用了语义相近的词"展开"作为补充说明，即动作"铺"是将某类扁平状的物体展开后放置到其他物体上，即动作"铺"的结果是将客体在某平面上延展开，该动作与动作"卷"相对。为凸显动词"铺"的该结果，共有 264 条语料中增加了方式论元或结果论元"平"。

在语料库中，为了凸显受事对象具有［+扁平性］和［+可延展］的语义特征，常增加其形式角色的描述，例句如下。

①沿展厅墙壁铺展开的这一人物长卷《走出巴颜喀拉》，全长 121.5 米，高 1.88 米。（当代/报刊/新华社）

②先将方火腿切成薄片，铺平。（当代/应用文/菜谱）

③检察官写的调查文件如果一张张铺开的话，有 50 多公里长。（当代/报刊/读者）

上述例句中，动词"铺"所涉及的受事对象分别为"《走出巴颜喀拉》""火腿""被子、床罩"。为了凸显其受事对象所具有的［+扁平性］的语义

特征，例①中主要通过"全长 121.5 米，高 1.88 米"具体描述这幅画卷的
长度和高度，凸显出这幅作品长形、片状的形式特征；例②中通过"薄片"
来凸显了"火腿"被处理后的形式角色特征，与之前的"方"的形式有了
明显区别；例③中，增加了结果论元，凸显出动作"铺"实施后客体的可
延展长度为 50 多公里。该义项中，典型的客体有布帛类（被褥、毯子、垫
子、毡子、服饰、毛巾等）、砖瓦类（瓦、砖头、石板等）、纸张类（薄膜、
纸、画等），其中客体为布帛类的语料共 1 161 条，砖瓦类的语料共 574 条，
纸张类的语料共 204 条。

《汉语源流》中指出"由铺首紧敷在门上，引申用作动词"。王冬梅指
出"有些名词与它所转指的动词之间是覆盖物和覆盖的关系"（王冬梅，
2010，PP583-598）该义项是由其表"覆蔽物"的名词引申而来。根据该义
项中动词"铺"所涉及的受事对象的形式角色特征，基于以下理据创制其
意象图示：（1）动作"铺"发生后，各涉及对象的位置发生了变化，因此
用"→"来体现这一改变，其中，"→"左侧是源点图示，右侧是终点图示；
（2）在源点图示中，存在一个客体，且［+扁平性］和［+可延展］的语
义特征，因此用卷轴类图示表示，标注为 P；（3）在终点图示中，动作"铺"
发生后，客体 P 的被移动到了处所 L 表面，形状发生了变化，由不（完
全）展开变为完全展开。其表现如图 5-7 所示。

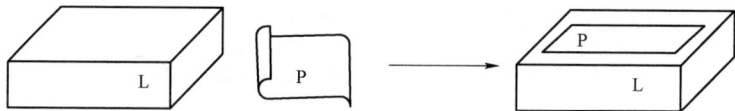

图 5-7　动词"铺"义项一的意象图示

除了上述典型的片状物，动词"铺"还能与一些非典型的片状物搭配，
如石头、树叶等，例句如下。

①最后在米饭上铺上牛肉酱即可。（当代/应用文/健康养生）
②他的银元可以用来铺满一整条街。（当代/翻译作品/文学）

③如果每张桌子上都铺满玫瑰花。（当代/报刊/读书）

上述例句中，动词"铺"所涉及的客体分别为"牛肉酱""汗珠"和"石头"，从形式角色方面看，其均不具备［＋扁平性］的语义特征。但例①中的"牛肉酱"含有一定量的水分，因此具有［＋可延展］的特征，例②和例③中的"汗珠"和"石头"，作为个体时不具有［＋可延展］的特征，但上述语境中均为该类事物的集合体，当其作为集合体时，就具有了［＋可延展］的特征。而动词"铺"作用于该类物体的主要方式，并非和［＋扁平性］客体时的"使其展开"，而是"使其摊平"，该动作与动作"收拢"相对。

因此，根据该类客体的特征，其意象图示变体如图5-8所示。

图5-8 动词"铺"义项一的意象图示变体

该意象图示中，客体P不再以片状的形式表示，而用堆形物的形式表示。

在语料库中，动词"铺"的主体论元除了"人"以外，还有部分主体为自然物。在语料库中，主体为具有［－主动］语义特征的语料共220条，例句如下。

①雪纷纷扬扬撒在山野里不再融化，层层铺盖着。（当代/报刊/作家文摘）

②屋顶铺着一层薄薄的白霜。（当代/应用文/自然科学）

③月光淡淡，从窗中照射进来，铺在地下。（当代/文学）

④嘴唇边却铺了一层小汗珠。（当代/文学）

上述例句中，动词"铺"所涉及的施事对象分别为"雪""霜""月光"和"汗珠"，该类事物均不具有［＋主动］的语义特征。"雪""霜""月光"由于自然现象或运动而逐渐覆盖在"山野里""屋顶上"和"地上"，而"汗珠"由于生理现象也不断出现并覆盖在了"嘴唇边"。虽然上述例子中主体、客体均存在较大差异，但其出现了与动词"铺"实施后相类似的结果。因此，在隐喻的作用下，该类似结果采用了肢体动作词"铺"来表示。在语料库中，典型的自然物有：冰雪类（雪、冰、霜等）、光影类（光、影子等）、植物类（森林、树木、花、草等）、云雾类（云、雾、烟、霞等），其中主体为冰雪类的语料有 75 例，光影类的语料有 51 条，植物类的语料有 39 条，云雾类的语料有 23 条。

综上，建议凸显该义项中"铺"所涉及的客体、方式、结果论元，将该义项中的动词"铺"描写为义项一：东西展开或摊平放在其他物品上。～床单|～地毯|～路石|雪～了厚厚的一层|他把纸～开|桌上～着一块白色的桌布|妈妈把肉切成薄片，平～到盘子里|这条小路是由五颜六色的小石子铺成的|月光铺～了河面。

（二）义项二：把东西放到一定的位置

在语料库，动词"铺"所涉及受事对象的形式角色特征不再具有［＋延展性］的特征，该类义项共 376 条语料，占 6.99%。例句如下。

①这时瑞香已带了小大姐来铺排餐桌。（当代/文学）

②产品已在三四级渠道市场铺开。（当代/网络语料）

③横贯舞台的阶梯式大平台和十二座高达二米三的汉俑，在精心铺排的灯光氛围中，更加传递出阳刚之美。（当代/报刊/人民日报）

④在男家的新床上，除放甘蔗——越老越甜、枣子——早生贵子之外，还放表示高兴团圆的糕和团子，这叫"铺床"。

上述例子中，动词"铺"所涉及的受事对象的形式角色方面均不具备［＋可延展］的语义特征。例①中，动词"铺"所涉及的受事对象是"餐桌"，但"铺"并不是把桌子展开，而是安排和拜访用餐人的餐具、座位，即将餐具、座位等放到对应的位置上；例②中，动词"铺"所涉及的受事对象是"产品"，动词"铺"是将这些货品发放到市场上各个销售门店，即把产

品放到相应的门店中；例③中，动词"铺"所涉及的受事对象为"灯"，动作"铺"是将灯根据舞台需求放到对应的位置上；例④中，动词"铺"所涉及的受事对象为"床"，但结合上下文可知，动作"铺"并非表示将床上的被褥、垫子展开，而是将甘蔗、枣子、糕和团子放到床上某个位置。因此，我们认为该义项中，当动作"铺"所涉及的客体在形式角色不具备延展性时，无须凸显其客体的形式角色。根据上述语料中，动作"铺"的结果，我们发现虽然其涉及的受事对象不具备共同性，但处所对象缺具有共同的语义特征，均"存在特定的或明确的位置"。因此，当动词"铺"所涉及的处所对象的形式角色被凸显时，动词"铺"就不在表示将东西展开的动作，并且与随意的放置行为动作也得以区分。也就是说，在该类语料中，受事对象在动作"铺"的作用下被移动到了一定的位置。

根据该义项中动作"铺"所涉及处所的形式角色特征，创制其意象图示，如图5-9所示。

图5-9 动词"铺"意象二的意象图示

该意象图示的特点为：（1）在意象图示中，"铺"所涉及的处所对象L用平面来表现，其上有一个特定的位置，使用虚线框表示，受事对象P不再具有延展性，因此用立方体图标表示；（2）在终点图示中，受事对象 P的位置转移到了处所L的虚线框上。

综上，建议凸显该义项中"铺"所涉及处所的形式角色特征，将该义项中的动词"铺"描写为义项二：把东西放到一定的位置：铺货 | 铺摊子 | 铺设管线 | 为了庆祝，他们在饭店大铺宴席。

（三）义项三：（预先）安排或布置

在语料库，动词"铺"所涉及的对象，除义项一和义项二中的具体对象外，还有一些属于抽象的对象，如工作、项目、情感、发展、情节、经验等。该类语料共 764 条，占 14.20%。例句如下。

①今年，我们将把学校扩大到 56 所，在全国铺开，开展这项工作。（当代/应用文/社会科学）

②他生意已经铺开。（当代/电视电影/文艺）

③全省 118 个县共铺开各种工程达 55 000 多处。（当代/报刊/1994 年报刊精选）

上述例句中，动词"铺"所涉及的受事对象分别为"工作""生意"和"各类工程"，均属于抽象客体，其形式特征与前述例子中的具体客体存在本质差别，处所对象分别为"全国""市场"和"全省"。根据上下文，当动作"铺"实施后，上述客体的空间范围都变大，其结果与义项一中的结果一致。因此，虽然其受事对象均为抽象事物，但结果相似，因此在隐喻作用下，肢体动作"铺"就用在了事件的安排、开展、推进中。

在部分语料中，动作"铺"的目的论元被特别的凸显出来，例句如下。

①该剧把敌我双方置于事先谁也不知道谜底的斗争中，从而给故事的展开、情节的结构、人物的塑造铺出了一块广阔的天地。（当代/报刊/人民日报）

②（现在的女孩子）让男朋友花钱给自己的事业铺路。（当代/史传）

③这些知识，不仅为"双百方针"铺垫了新的科学文化的背景，而且也为农业的"八字方针"提供了生物学的背景材料。（当代/报刊/1994 年报刊精选）

上述例句中，动词"铺"所涉及的施事对象都是人，分别为"导演""女孩子""学者"，但其他涉及对象的类别和各涉及对象的语义特征区别均较大。例①中，动词"铺"所涉及的方式对象则是"把敌我双方置于实现谁也不知道谜底的斗争中"，受事对象是"这部剧"，结果论元是"天地"，但这块"广阔的天地"是在隐喻机制作用下，用"天地"来表示发展的空间，属于抽象意义的"天地"。动作"铺"表示通过巧妙的设置，导演为故事的展开等预先创造好了发展的空间。例②中，动词"铺"所涉及的方式

对象是"花钱",结果对象是"路",和例①中一样,这条"路"是在隐喻机制作用下,用"路"来表示未来的发展,属于抽象意义的"路"。动作"铺"表示提前为未来的发展奠定基础。例③中,动词"铺"所涉及的材料对象是"知识",结果对象是"科学文化的背景",二者均具有抽象性,动作"铺"表示学者们运用这些知识构建起理解或发展新的科学文化的前提知识体系,预先做好准备。但上述例句中,均通过"给"和"为"增加了动词"铺"的目的论元,其所涉及的目的论元分别为"故事的展开、情节的结构、人物的塑造""自己的事业(的发展)""'双百方针'(的实施)"。义项一中,当"铺"作为肢体动作将物体展开或铺平后,结果为该物体的空间变大了,因此,当在表达抽象空间变大或事物发展情况变好时,在隐喻机制下,动词"铺"就从肢体动作义演变为抽象动作义。我们认为,在该类语料中,动词"铺"是指为了促进事物的发展或达到某目标而提前做出安排或布置。

因此当动词"铺"所涉及的对象为抽象事物,目的论元被凸显时,创制其意象图示,如图 5-10 所示。

图 5-10　动词"铺"意象三的意象图示

综上,建议凸显该义项中"铺"所涉及处所的形式角色特征,将该义项中的动词"铺"描写为义项三:(预先)安排或布置:~垫|情节~陈|学习讨论在全国范围内铺开|父母努力为孩子的未来铺路。

五、小结

本节将语料库技术、论元结构和物性结构理论相结合,重新分析、描写和解释了动词"铺"在现代汉语中的义项分布情况。

与《当汉学》中的义项划分和描写相比较，做出如下变化。

（1）新增义项2个。新增义项二，该义项中客体的形式角色特征［－延展性］，与义项一中的客体有较大的差异，且处所对象均具有特定性，因此为其单设义项。新增义项三，该义项中客体的形式角色特征［－有形物］与义项一和义项二有较大的差异，且该义项中目的论元常被凸显出来，因此为其单设义项。

（2）在释义描写方面，将义项一中的"把"删除。结合语料，我们发现，部分不具有主动性的自然类主体，在自然运动的作用下产生的结果与肢体动作结果相似，因此在隐喻的作用下，该类自然主体的运动也用动词"铺"来表示，且使用频率为4.1%，因此将释义中带有明显主动语义特征的"把"删除。

为了便于汉语二语学习者更加直观的掌握动词"铺"的各义项，我们根据各义项中的其所涉及的典型的主体、客体、处所和工具，制作了动词"盖"各义项与典型论元的搭配表。如表5-6所示。

表5-6　动词"铺"各义项与典型论元的搭配表

义项	典型主体	典型客体	典型处所	典型目的
①东西展开或摊平在其他物品上	人	布帛类、纸张类，砖瓦类	物体表面	—
	自然物	冰雪类、光影类、植物类、云雾类		—
②把东西放到一定的位置	人	具体物体	特定的或明确的位置	—
③（预先）安排或布置	人、公司等	事件	某个地区、影片、小说等	促进事物的发展或达到某目标

第六章 "填""埋"次类代表动词义项划分及描写

第一节 动词"填"的义项划分及描写

"填"在《现代汉语频率词典》中的使用度级次为 600，使用度为 41，词次为 53，累计词次为 1 121 549，频率为 0.004 0，累计频率为 85.327 6。在 CCL 语料库现代汉语语料中共出现 21 431 次，总汉字 10 645 个中排序为 1 685 位。并被归入《国际中文教育中文水平等级标准》四级词汇中。

一、现有词典中动词"填"的义项划分及描写

《说文解字》中"填"的释义为"塞也。从土真声。"《汉字源流字典》认为："填"为形声字。篆文从土，真声。其本义为充塞，把凹陷的地方塞平或塞满。

《现汉》中"填"作为动词的释义如下。

①把凹陷地方垫平或塞满：～坑 | 把沟～平了。

②补充：～补。

③填写：～表。

《现规》中"填"的释义如下。

①把低洼凹陷的地方垫平；把空缺的地方塞满：把坑～平 | ～上这口废井。

②补充：～补 | ～充。

③填写：每人～一张表 | ～上姓名、住址。

两部词典对于动词"填"的义项划分和释义描写基本一致。

我们还考察四部汉语学习词典中"填"的释义描写，具体释义如表 6-1 所示。

表 6-1　汉语学习词典中动词"填"的释义

义核	《现学》（孙版）	《8000 词》	《商务馆学》	《当汉学》
塞	塞满或填平凹陷的地方	把凹陷的地方垫平或塞满	把有空儿的地方塞满；塞进东西是凹进去的地方变平	把凹进去的地方垫平，把有空的地方塞满
填写	在空白表格上按照项目填写	填写	填写	按照要求写或涂。a）在表格、单句、考卷等空白处，按照要求写上文字、字母、数字等。b）按照要求在空白处涂上颜色。c）按照格律写诗词或按音乐写歌词
补充	—	—	—	补充

上述四部外向型汉语词典中，在义项划分和释义描写方面均略有差异。从义项划分角度看，《现学》（孙版）《8000 词》和《商务馆学》将动词"填"划分为 2 个义项，而《当汉学》中将其划分为三个义项，增加的义项了表示"补充"义的义项二；另外《当汉学》在表"填写"义的义项三中还进一步划分了细类，建立了该义项的义项群。从释义描写角度看，表"塞满"义的义项描写中均采用了描述性话语释义，释义义核均为"塞满"或"垫 / 变平"；表"补充"义的义项描写中，均采用以词释词的方式，释义义核为"补充"；表"填写"义的义项描写中，《8000 词》《商务馆学》均采用以词释词的方式，《现学》（孙版）采用描述性话语释义，三部词典的

释义义核均为"填写";而《当汉学》采用描述性话语释义,释义义核为"写""涂"。

通过调查《现汉》《现规》和四部汉语学习词典中动词"填"的释义,可以看出编者们对"填"义项的划分和描写还存在一些不同意见,不利于汉语二语学习者了解和掌握。

二、汉语二语学习者动词"填"的习得偏误研究

为了解汉语二语学习者对动词"填"的掌握情况,我们在 HSK 动态作文语料库和全球汉语中介语料库中进行了检索,检索到以下因为对动词"铺"和其他词语义混淆而出现的偏误,例句如下。

①这样,才能把深的"代沟"逐步的弄(*填)平。(语料编号:200210540150043)

②由此可见,人虽然需要肚子的饱满(*填满肚子),但更重要的还是健康的活到老。(语料编号:200307109523200245)

③我填起来(*填好)以后,我付钱,然后说:"谢谢你"。(作者国籍:菲律宾)

例①中,留学将"填"与"弄"混淆了,"弄"是泛化意义上的"做",但和前文中的"沟"这一客体相搭配的话,"填"更为合适。例②中,"肚子"这一空间,不能直接"饱满",需要做动作使其饱满。例③中,"填"表的动作完成后,使用的结果补语应为"好"或"完",而不能使用"起来"。

三、建立动词"填"的平衡语料库

截至 2021 年 9 月,CCL 语料库中"填"字的现代汉语语料共计 16 658 条,约 151 万字,按比例抽取了共计 10 000 条约 93 万字的语料建立动词"填"的平衡语料库。动词"填"的平衡语料库所含各类语料情况见表 6-2。

表 6-2　动词"填"平衡语料库的语料分布情况

二级分类	三级分类	四级分类	下载语料	抽样语料	三级分类合计
当代	CWAC	—	696	696	696
	口语	—	14	14	14
	史传	—	76	76	76
	应用文	中国政府白皮书	5	5	884
		健康养生	49	49	
		法律文献	59	59	
		社会科学	208	208	
		自然科学	89	89	
		药方	83	83	
		菜谱	101	101	
		议论文	36	36	
		词典	223	223	
		说明书	31	31	
	报刊	1994 年报刊精选	2 101	903	4 387
		人民日报	3 764	903	
		作家文摘	375	375	
		市场报	358	358	
		故事会	5	5	
		新华社	3 502	903	
		读书	602	602	
		读者	334	334	
		青年文摘	4	4	
	文学	—	951	951	951
	电视电影	文艺	68	68	146
		非文艺	78	78	
	相声小品	—	30	30	30
	网络语料	—	1 916	1 916	1 916
	翻译作品	应用文	223	223	718
		文学	495	495	
现代	戏剧	—	12	12	12
	文学	—	170	170	170
合计			16 658	10 000	10 000

对动词"填"平衡语料库中 10 000 条语料依次标注后，发现语料中有作为形容词"填"的语料 11 条，如"雷填填""沉填填""填然"；另有错别字等语料 12 条，如"城填户口（*镇）""填密（*缜密）"，有作为专有名词的语料 7 条，如夏惜填（人名）、《优填五经》（书名）。以上 30 条语料对于动词"填"的义项划分没有研究价值，均未标注义项，不做讨论与说明。有效语料条数共计 9 970 条。

四、动词"填"义项分布研究及描写

袁毓林认为"填"是二元三位三项四联动词，其能关联的四个从属成分为施事、受事、材料和工具，描写为 V：{A，P，Ma，L}，配价实例如下。

填：　小方用石子～了一口枯井　　小方用石子把一口枯井～了

　　　小方往沟里～了不少渣土　　沟里已经～了不少渣土了

　　　小方把那些渣土全～沟里了　那些渣土小方全～沟里了

　　　这个大坑我们用沙土～　　　这些沙土我们～那个坑

前述六部词典中关于动词"填"的释义差异显示：当动词"填"所涉及的各类对象变化，其词义也产生不同。为了更进一步分析动词"填"的多义性和各义项之间的关系，我们对语料库中的"填"所涉及的主客体、空间、结果、目的、方式等对象进行了分析和归类，结果表明该动词在现代汉语中具有五个主要义项。

（一）义项一：在地面凹陷或低洼处放入土或垃圾等，使其平整

根据动词"填"本义，我们认为其是由空间、客体、路径等基本意象图示结合构成的复杂的意象图示。在动词"填"平衡语料库中，"填"作为本义的义项共有 1 172 条，占 11.76%。

根据动词"填"的本义，基于以下理据创制其意象图示：（1）存在高度不一致的两个平面，用 A 来表示较高的平面，用 B 来表示较低的平面；

（2）存在一个客体，用 C 来表示，因其可能是由多个个体构成的，因此内部用点状填充；（3）动作"填"发生后，物体 C 的位置发生了变化，移动到了平面 B 处。因此用"→"来体现这一改变，其中，"→"左侧是源点图示，右侧是终点图示。其表现如图 6-1 所示。

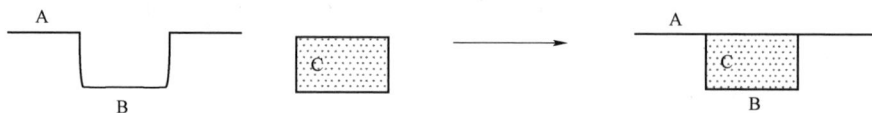

图 6-1　动词"填"义项一的意象图式

在上图中，当"填"表示本义时，空间 A 和 B 的在高度上的相对性最为明显，需要存在一定的高度差才能使动作"填"实现。动词"填"平衡语料库中，在该义项的语料中，典型的空间为"坑""沟""井""海"和"洼地"，其中语料含"坑"的292条，含"海"的语料231条，含"沟"的语料138条，含"井"的语料76，含"洼地"的语料32条。例句如下。

①一筐一筐往上传土，将水平沟填满。（当代/报刊/1994 年报刊精选）

②我们厂为国家生产的化肥可以填平太湖。（当代/报刊/人民日报）

③把两米多深的洼地填了起来。（当代/报刊/人民日报）

结合意象图示，上述例句中，动词"填"涉及的空间分别为"沟""湖""洼地"，三者均为地面凹陷或低洼处，在形式角色方面具有［＋高度低于特定平面］的语义特征，即不同平面之间存在一定的高度差。

当动作"填"实现后，客体 C 位置移动后，在一定程度上弥补了 B 与 A 之间的高度差。"填"常通过增加结果论元的方式来凸显该变化，如上述例句中的结果论元分别为"满""平""起来"。我们发现语料中，典型的结果论元有"平""满""起来"和"高"，其中含"平"的语料有 287条，含"满"的语料有 75 条，含"起来"的语料有 12 条，含"高"的语料有 5 例。

在语料库中，典型的客体为"土""泥""沙""石"，其在构成角色方面均具由同类型的材料构成。该类语料共 532 条。例句如下。

①管沟回填时在沟底先填200毫米的细土。（当代/报刊/新华社）

②只见30多辆自卸车来回穿梭，将满车的砂石填入江中。（当代/报刊/人民日报）

③用粉煤灰和煤矸石回填矿井或平填采空塌陷区。（当代/应用文/社会科学）

除了上述的典型客体外，在与日常生活和战争相关的话题中，"垃圾"和"尸体"这两类非典型性客体的数量也较多，其中含"垃圾"语料83条，含"尸体"的语料13条。虽然该两类非典型性客体在构成角色方面与"土""泥""沙""石"有较大的区别，但其在功用角色方面仍"占据一定空间"，可以起到实现"弥补高度差"的作用。例句如下。

①这口水井又为什么会突然在短时间内填入大量的垃圾和杂物。（当代/网络语料）

②炮弹炸翻的红土和敌人的尸体，将战壕填得满满的。（当代/文学）

上述例句中，客体论元分别为"垃圾和杂物""尸体"，但二者被放入"井"和"战壕"后，也在一定程度上弥补了井底与地面，壕沟底与地面的高度差。

综上，建议凸显该义项中"填"所涉及的空间A和B高度差，结果论元和常见的客体论元C，将该类语料中"填"的义项描写为义项一：在地面凹陷或低洼处放入土或垃圾等，使其平整。回～|～土|精卫～海|垃圾～埋|把路～平。

（二）义项二：充满

除了义项一中所涉及的"地面凹陷或低洼处"这一类具体空间外，在语料库中，还存在其他一些具体的空间，如人的身体、各类容器等，这些具体的空间在形式角色方面不再具有［＋高度低于特定平面］的语义特征，而均具有［＋有空的地方］的特征。在语料库中，空间为具有［＋有空的地方］的特征的语料共有2 596条，占26.04%。例句如下。

①穷得没有东西吃时，就拿葡萄来填饱肚子。（当代/翻译作品/应用文）

②他们用结实的兽皮缝成袋状，再在里头填满兽毛和干草。（当代/报刊/《读者》）

③她放着梅兰芳的唱片，声音很响，要把房间填满。（当代/文学）

上述例句中，"填"的空间分别为"肚子""袋"和"花丛间"，均为具体空间，且具有［＋有空的地方］的特征。同时，动词"填"均带有结果论元"饱""满"。语料库中带有结果论元的语料共 582 条，最典型的有"满/不满"或"满满当当"和"饱/不饱"，其中含"满/不满"或"满满当当"的有 346 条，"饱/不饱"的有 228 条。

因此，基于"填"本义的意象图示，结合该义项中空间的形式角色和结果论元，建议凸显该义项中"填"所涉及空间的形式角色特征和结果论元，将该类语料中"填"的义项二描写为"充满"。基于以下理据创制其意象图示，如图 6-2 所示。（1）左边的源点图示中：将义项一中存在两个高度差的空间 A 和 B 修改为一个有空的空间，用 B 表示；仍用 C 表示"填"的客体 C，且 A 和 C 的体积大小有可能相同。（2）右侧的终点图示中，C 进入到了空间 A 中。

图 6-2　动词"填"义项二的意象图式

虽然上述例句中，"填"的所涉及的空间和结果论元均具相同，但动作"填"但其动作的主体不同，例①和例②中"填"的主体为"人""他们"，例③中的主体则为"声音"。因此，根据主体的是否具有主动发出动作"填"的差别，将该义项分为两个子义项。

在子义项 a）中，动作"填"的主体均与人相关，是"填"这一动作的主动发出者。语料库中，该子义项的语料共 2 160 条，占 21.66%。例句如下。

①野菊花、薄荷各 80 克，将上药研碎混匀拌入适量冰片，**填**入枕袋。（当代/应用文/健康养生）

②买好了手机正在选号的人把不大的营业大厅**填**了个满满当当。（当代/报刊/新华社）

③这个中心的美容师用最高档的象牙作**填**充材料。（当代/报刊/1994 年报刊精选）

上述例句中，"填"所涉及的空间分别为"枕袋""营业大厅""鼻子"，动作主体也为"人"。在语料库中，该子义项中出现数量最多的空间为"肚子"，共 251 条。例句中，"填"所涉及的客体论元分别为"野菊花、薄荷""人""象牙"，它们在形式角色、构成角色方面的特征各不相同，但在功用角色方面均具有"可占据一定的空间"的语义特征。在部分语料中，还通过增加客体 C 形式角色特征的描述，来凸显其体积过大的特征。例句如下。

①他站在厨房门口，巨大的身躯**填**满整个门框。（当代/翻译作品/文学）

②她找来一把最宽大的椅子，把她那大屁股**填**进去。（现代/文学）

因此，建议凸显该子义项中"塞"客体论元的功用角色，将该子义项描写为 a）在空的地方放入，使其充满：～装｜～充｜～～鸭式｜～饱肚子｜把羽绒～充进衣服里。

在语料中，除了人以外，部分无形物，如气体、味道、声音、情绪等，也能充当"填"的主体论元。语料库中，该子义项共 436 项，占 4.37%。例句如下。

①原来全是出于她之所赐，忍不住怒气**填**胸。（当代/文学）

②田野正起着雾，散漫的雾气**填**充在花丛间。（当代/文学）

③呼吸的臭味**填**塞在所有的缝隙里。（当代/文学）

上述例句中，"填"所涉及的空间分别为"胸""花丛间"和"缝隙里"，仍为具体空间。但"填"的主体均不相同，分别为"怒气""雾气"和"臭味"，这些主体虽然在形式角色、构成角色方面各不相同，但在功能角色方面同样具有"可占据一定的空间"的语义特征。当上述无形物进入空的地方后，同时占据了一定的空间位置。语料库中，最典型的空间为人体的"心"和"胸"，共 383 条，其中涉及的主体多为情绪类，如"义愤""喜悦""幸福"。

因此，建议凸显该子义项中主体的功用角色，将该子义项描写为 b）（情绪、气味等）充满空的地方：义愤~膺 | 香气~满房间。

综上，建议凸显该义项中"填"的空间、主体论元、客体论元和结果论元的语义特征，将该类语料中"填"的义项描写为义项二：充满。a）在空的地方放入，使其充满：~装 | ~充 | ~~鸭式 | ~饱肚子 | 把羽绒~充进衣服里。b）（情绪、气味等）充满空的地方：义愤~膺 | 香气~满房间。

（三）义项三：按照要求在空白处写或画

根据空间的抽象程度，具体的空间除了"地面凹陷或低洼处"和"有空的地方"，还有书面空间。在语料库中，动词"填"涉及书面空间的共 4 394 条，占 44.07%。例句如下。

①金额数字一律填写到角分。（当代/CWAC）

②用适合自己唇色的唇线笔将唇线画在你的自然唇线以外，然后与唇交相接，然后轻轻地填色进去。（当代/应用文/健康养生）

③词是字字句句都要依韵律填好歌唱的，比八股的吟诵腔调还严格。（当代/报刊/读书）

上述例句中，动词"填"所涉及的对象分别为"金额数字""（颜）色""词"，虽然它们的形式角色特征不一致，但其功用角色均具有"记录或传递信息"的语义特征，它们具有共同的施成角色"笔"。其中所涉及的空间分别为"原始凭证""唇线内"和"曲谱上歌词的位置"，这些书面的空间均具有［＋有空的地方］的特征。其上述例句中，动词"填"还带有结果论元或方式论元，分别为"到角分""轻轻地""依韵律"，方式论元和结果论元的增加凸显出动作"填"并非是随意性的动作，需要按照一定的规定或方式实施。

因此，结合该义项中"填"所涉及的各个对象的特征，建议凸显该义项中"填"所涉及空间的形式角色特征、客体的施成角色和方式或结果论元，将该类语料中"填"的义项三描写为"按照要求在空白处写或画"。根据"填"本义的意象图示和该义项的释义，基于以下理据创制其意象图示，如图 6-3 所示。（1）左边的源点图示中：将义项一中存在两个高度差的空间 A 和 B 修改为一个有空白处的空间，用 A 表示；且因为客体 C 需要在过程中借助施成角色"笔"才能产生，因此源点图示中没有客体 C。（2）客体 C 的施成角色为"笔"，因此在从源点图示到终点图示变化的过程中，添加了表示"笔"的图标。（3）右侧的终点图示中，客体 C 进入到了空间 A 的空白中，补充了其中的空白。

图 6-3　动词"填"义项三的意象图式

根据上述例句中，动词"填"所涉及客体的形式角色特征，我们又将该义项划分为三个子义项，其中的客体分别为文字类、色彩图案类和诗歌类。

子义项 a）按照要求在空白处写上文字等：～表|～空|～写|～志愿|～单子。语料库中，该义项共 4 038 条，占 40.5%。例句如下。

①将本人姓名、工作单位、通讯地址、邮编及身份证号码填写清楚。（当代/报刊/人民日报）

②准考证号用黑色字迹的签字笔填写。（当代/网络语料）

上述例句中，"填"所涉及的客体论元分别为"本人姓名、工作单位、通讯地址、邮编及身份证号码""准考证号"，其施成角色均为"写"。同时还增加了结果论元"清楚"和方式论元"用黑色字迹的签字笔"来描述实施动作"填"时应遵循的相关要求。

子义项 b）按照要求在空白处画上颜色或图案：～色|～涂答题卡|云

纹～底。语料库中，该义项共 116 条，占 1.16%。例句如下。

①四周有商周纹饰，浮雕兽面，云纹填底。（当代/报刊/人民日报）

②这幅画是先描轮廓后填色。（当代/报刊/《作家文摘》）

上述例句中，"填"所涉及的客体论元分别为"云纹"和"颜色"，其施成角色均为"画"。"云纹"和"颜色"分别被画入了"浮雕底""轮廓"中，有明确的限定范围。

子义项 c）按照格律/旋律在空缺处写诗词/歌词：旧曲～新词 | 他新～了一首词。语料库中，该义项共 240 条，占 2.41%。例句如下。

①特别善于按古诗词格律作诗填词。（当代/报刊/人民日报）

②深泽七郎又为楢山小调填词谱曲。（当代/应用文/社会科学）

上述例句中，"填"所涉及的客体论元分别为"诗词""歌词"，二者同样需要使用文字或音乐符号记录下来，即具有相同的施成角色"笔"。同时还增加了方式论元"按古诗词格律"和目的论元"为楢山小调"来描述实施动作"填"时应遵循的相关要求。

综上，建议凸显该义项中"填"的客体论元 C 中的施成角色，以及相关的目的/方式/结果论元，将该类语料中"填"的义项描写为义项三：动按照要求在空白处写或画。a）按照要求在空白处写上文字等：～表 | ～空 | ～写 | ～志愿 | ～单子；b）按照要求在空白处画上颜色或图案：～色 | ～涂答题卡 | 云纹～底；c）按照格律/旋律在空缺处写诗词/歌词：旧曲～新词 | 他新～了一首词。

（四）义项四：在空缺的部分中加入，使其完整

除了义项一至义项三中，动词"填"所涉及的空间为具体的"地面凹陷或低洼处""有空的地方"和"空白的地方"，语料中还存在一些抽象空间，例句如下。

①布朗留下的空缺由理查森填补。（当代/报刊/新华社）

②物质上的富足填补不了情感的贫乏。（当代/应用文/社会科学）

③最近妈妈又让她上了英语、速算等特长班，时间被填得满满的。(当代/网络语料)

上述例句中，"填"所涉及的空间分别为"(职位)空缺""情感贫乏""时间"，都是具有［＋空缺］的语义特征的抽象空间。当动作"填"实施后，其所涉及的对象加入空间内，并使其原有的空缺也得以完整。在语料库，"填"所涉及的空间为抽象空间的语料共1 808条，占18.13%。

因此，基于"填"本义的意象图示，结合该义项中主体、客体的功用角色特征，建议凸显其将中空间和客体的特征，将该类语料中"填"的义项四描写为"在空缺的部分中加入，使其完整"。根据"填"本义的意象图示和该义项的释义，基于以下理据创制其意象图示，如图6-4所示：(1)左边的源点图示中：将义项一中存在两个高度差的空间A和B修改为一个存在空缺处的空间，用B表示，空间内原有的存在物用X1、X2表示；(2)右侧的终点图示中，C进入到了空间B中，与空间A内的X1、X2形成了同时存在的关系，并补充了其中的空缺；(3)该义项中空间和客体均为抽象事物，因此均用虚线表示。

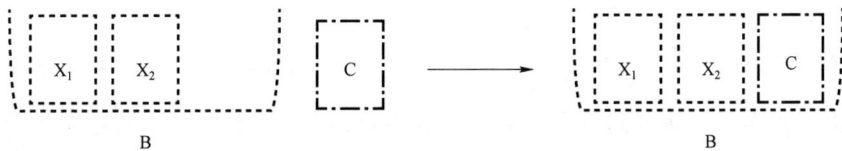

图6-4 动词"填"义项四的意象图式

从上述例句中发现，虽然此义项中的空间均具有抽象性，但其抽象的程度有所差异。因此，根据此义项中"填"所涉及空间的抽象程度和主体的差异，我们将该义项分为下列三个子义项。

子义项a)增加人员以满足岗位需求：～补职位/岗位/人事空缺|～|。在语料库中，该义项共189条，占1.9%。例句如下。

①他在史屯的职位要群众选举新人去填充。(当代/文学)

②应相应地发展本土防卫部队和国民自卫军，以填补所遗缺额。（当代/翻译作品/应用文）

上述例句中，动词"填"所涉及的主体分别为"新人""防卫部队和国民自卫军"，均为人或由人构成的集体。所涉及的空间分别为"职位"和"遗漏和空缺"，均为职务岗位类。但当上述主体"填"如空间内，其所凸显的功用角色特征并非是可以"占据一定空间"，而是"承担某类职责或任务"。因此，当主体为人，并凸显其"承担某类职责或任务"的功用角色时，建议将该义项描写为增加人员以满足岗位需求：～补职位/岗位/人事空缺。

子义项 b）通过某些行为活动来弥补问题：～补赤字|～补研究空白|～补历史|～不满空虚的心灵。在语料库中，该义项共条 1 584 条，占 15.89%。例句如下。

①中国模型生命表的编制成功，填补了国际研究的空白。（当代/报刊/1994 年报刊精选）

②许多人因为没有娱乐，以互相"串门儿"来填补精神的空虚。（当代/网络语料）

上述例句中，动词"填"所涉及的主体分别为"编制成功""互相'串门儿'"，均为人的行为活动。其所涉及的空间分别"研究空白""精神的空虚"，涉及了学术领域和思想领域，这些空间在人们认知中具有相对清晰的边界。当动作"填"发生后，这些抽象空间的空缺处不再存在。因此，当行为活动作为主体时，建议将该子义项描写为 b）通过某些行为活动来弥补问题：～补赤字|～补研究空白|～补历史|～不满空虚的心灵。

在已知的世界语言中，时间的表达大都借助空间的语言表达形式这一普遍现象说明了一个重要的认知普遍现象，即时间是空间的隐喻。而时间空间的抽象性也更高。在语料库，"填"所涉及的空间为时间的语料共 35 条，占 0.35%。例句如下。

①我就是在那个时候开始写散文的，也是为了把下班后的时间填满。（当代/文学）

②她所有的课余时间都为打工所填满。（当代/报刊/《作家文摘》）

上述例句中，动词"填"所涉及空间分别为"下班后的时间""课余时间"，均为"空余时间"。其所涉及的对象分别为"写散文""打工"，该类行为活动的实施需要消耗一定的时间，因此当此类行为或活动发生后，上述"空余时间"也被消耗了，时间的空缺处也不再存在。因此，当行为活动为主体，时间为空间时，建议将该子义项描写为 c）通过某些行为活动来利用空余时间：把时间～满 | 今天被会议～得满满当当。

综上，建议凸显该义项中"填"的空间 B 和主体论元/客体论元 C 的功用角色特征，将该类语料中"填"的义项描写为义项四：动在空缺的部分中加入，使其完整：a）增加人员以满足岗位需求：～补职位/岗位/人事空缺；b）通过某些行为活动来弥补问题：～补赤字 | ～补研究空白 | ～补历史 | ～不满空虚的心灵；c）通过某些行为活动来利用空余时间：把时间～满 | 今天被会议～得满满当当。

五、小结

将语料库技术、论元结构和物性结构理论相结合，重新分析、描写和解释了动词"填"在现代汉语中的义项分布情况。

与《当汉学》中的义项划分和描写相比较，做出如下变化。

（1）增设义项二"充满"，该义项共 2 596 例，且所涉及的空间与义项一在形式角色方面存在较大差异，因此单设义项。同时，在该义项的语料中带有结果论元的语料数量较多，因此凸显结果论元，将其描述为"在空缺的部分中加入，使其完整"。并根据客体形式角色特征的区别，将该义项细化为 2 个子义项。a）在空的地方放入，使其充满：～装 | ～充 | ～～鸭式 | ～饱肚子 | 把羽绒～充进衣服里。b）（情绪、气味等）充满空的地方：义愤～膺 | 香气～满房间。

（2）修改义核为"补充"的义项为"在空缺的部分中加入，使其完整"。该义项中"填"涉及的处所对象主要为抽象的空间。同时根据空间的不同，将其细化为 3 个子义项，分别描写社会空间、问题类空间和时间，具体描写如下。a）增加人员以满足岗位需求：～补职位/岗位/人事空缺。b）通过某些行为活动来弥补问题：～补赤字|～补研究空白|～补历史|～不满空虚的心灵。c）通过某些行为活动来利用空余时间：把时间～满|今天被会议～得满满当当。

（3）根据语料中凸显的语义角色特征，对释义进行完善。例如：义核为"垫平"的义项描写为"在地面凹陷或低洼处放入土或垃圾等，使其平整"，凸显了"填"所涉及的空间的形式角色和目的。

为了便于汉语二语学习者更加直观的掌握动词"填"的各义项，我们根据各义项中的其所涉及的典型的主体、客体、处所和结果，制作了动词"填"各义项与典型论元的搭配表，如表 6-3 所示。

表 6-3　动词"填"各义项与典型论元的搭配表

义项	典型主体	典型客体	典型处所	典型结果	典型目的
在地面凹陷或低洼处放入土或垃圾等，使其平整	人或由人构成的集体	土、垃圾等物品	地面凹陷或低洼处	平整	使其平整
充满	人	食物、羽毛等物品	空的地方	满/不满、饱/不饱	—
	情绪、气体、味道等	—	心、胸等空的地方	满/不满	
按照要求在空白处写或画	人	文字	书面空白处	—	按照要求
		颜色、图案		—	
		词、曲	词曲空缺处	—	按照格律/旋律
在空缺的部分中加入，使其完整	人或由人构成的集体	人	职位	—	使其完整
		事情	问题	—	
		行为活动	时间	—	

第二节　动词"埋"的义项划分及描写

"埋"在《现代汉语频率词典》中的使用度级次为 599，使用度为 42，词次为 60，累计词次为 1 117 451，频率为 0.004 6，累计频率为 85.015 9。在 CCL 语料库现代汉语语料中共出现 21 431 次，总汉字 10 645 个中排序为 1 743 位。并被归入《国际中文教育中文水平等级标准》六级词汇中。

一、现有词典中动词"埋"的义项划分及描写

"埋"在《说文解字》中本作"薶，瘗也。从艸貍聲。莫皆切"。段玉裁注："薶，瘗也。从艸。貍聲。莫皆切。土部曰。瘗，幽薶也。古音在一部。周禮假借貍字爲之。今俗作埋。"《释名》中认为："葬不如礼曰埋瘞也。趨使瘞腐而已。又藏也。"《汉字源流字典》也认为，"埋"为会意字，甲骨文是将牛埋于坑中形，是一种古代祭祀山林的仪式。后借"貍"表示埋藏。由于"貍"做了偏旁，于是另加义符艸（卄），写作"薶"，表示用草埋。因其笔画过繁，后来又另造了简易的埋，从土，从里，表示埋于土中。如今规范化，以埋为正体。从上述辞书中对"埋"的研究，我们可知动词"埋"与处所空间"土里"密切相关，并属于一种祭祀仪式，具有较强的文化属性。

《现汉》)中作为动词的"埋"的释义如下。

①（用土、沙、雪、落叶等）盖住：掩～|～地雷|道路被大学～住了。

②藏；隐没：～伏|～名。

《现规》中作为动词的"埋"的释义如下。

①（用土、沙、雪、落叶等）盖住：掩～|～地雷|道路被大雪～住了。

②藏；隐没：～伏|～名。

两部词典对于动词"埋"的义项划分和释义描写完全一致。

还考察了四部汉语学习词典中"填"的释义描写，具体释义如表 6-4 所示。

表 6-4　现代汉语词典中动词"埋"释义用语的统计表

义核	《现学》（孙版）	《8000 词》	《商务馆学》	《当汉学》
盖	把东西放在坑里用土盖上；盖住。	用土、雪等盖住	用土或泥沙等把东西盖住	用土、沙、雪、树叶等盖住，使不露出来
藏	—	—	埋藏	藏起来使不被发现或表现出来
低	—	—	—	把头、脸低下去

从义项划分角度看，《现学》（孙版）《8000 词》中"埋"的义项数最少，仅为 1 个，而《现汉》《现规》《商务馆学》均将"埋"划分为 2 个义项，《当汉学》则将"埋"划分为 3 个义项。以《现汉》为参照，《8000 词》中未收录《现汉》中的义项二，《当汉学》增加了"把头、脸低下去"的义项。从释义描写角度看，上述六部词典中义项一描写均采用了描述性话语释义，释义义核均为"盖住"。虽然义核一致，但描述中"埋"所涉及的凭借论元有所差异，凭借论元中的数量不一致，其中《现学》（孙版）中工具论元的数量为 1 个，为"土"；《8000 词》《商务馆学》的工具论元数量为 2 个，主要有"土""沙"或"雪"，而其余三部词典中，工具论元的数量为 4 个，主要是"土""沙""雪""树叶/落叶"。义项二中，《现汉》《现规》《现学》（孙版）和《商务馆学》均采用以词释词的方式，释义义核分别为"藏""隐没""隐藏"和"埋藏"，而《当汉学》则采用了描述性话语释义的方式，释义义核为"藏"。义项三中《现学》（孙版）采用以词释词的方式，释义义核为"土葬"，《当汉学》采用描述性话语释义的方式，释义义核为"低下去"。

从上述词典中对于动词"埋"的义项划分和释义描写方式的对比来看，学者们对现代汉语中"埋"的义项划分和释义描写还存在一些不同的观点，但他们的研究也为本研究提供了参考。

二、汉语二语学习者动词 "埋" 使用的偏误分析

为了解汉语二语学习者对动词 "埋" 的掌握情况，在 HSK 动态作文语料库中进行了检索。检索后发现动词 "埋" 在语料中出现的频率不高，语料不多。我们认为，汉语二语学习者对 "埋" 的理解和掌握不全面可能是造成此类情况的原因之一，主要表现为选择使用 "藏" 或 "低"，而不使用 "埋"。例句如下。

①为了避免别人推荐自己，有的赶快推荐别人，有的低头不说话。（语料编号：200105109525200710）

②我还是只好把对你们的恩惠和爱情怀着我的心理（*里）。（语料编号：200105550523250230）

③欣享（*欣赏）过的风境（*风景）都好好地被藏在我的心目（*心）中。（语料编号：200105550523250400）

根据上下文，上述例句中的 "低""怀着" 和 "藏" 均可以使用 "埋" 来表达。另外，还检索到以下因为对动词 "埋" 和其他词语义混淆而出现的偏误，例句如下。

①但是他们之间很虚弱的感情会不会藏起来后憾（*埋下后患）？（语料编号：200505610610150016）

②我们按他的要求把他的户尘（*骨灰）带回中国，埋藏（*埋葬）在永定。（语料编号：200105305540200043）

③她就埋在（*光顾）谈恋爱了。（语料编号：200310576525300050）

④然而，这就是问题埋伏（*潜伏）的起点。（语料编号：200310919922103002）

上述语料中，产生偏误的原因可能与留学生不清楚动词 "埋" 及其引申义所涉及的客体、主体、处所对象的语义特征、感情色彩而导致，如：例①中，可能是由于留学生对 "埋" 和 "藏" 主体的 [±自主] 和客体的感情色彩的语义特征含混，导致把 "埋" 错用为了 "藏"。例②中，可能是由于不清楚特定的受事对象的搭配需求而把 "埋葬" 错用为了 "埋藏"。例③中，可能是由于当"埋"所涉及的处所对象为抽象的事件时，感情色彩多为褒义。例④中，可能是由于留学生对"埋伏"主体的［±有形物］的语义特征和其目的论元的含混而产生偏误。但对应上述四部词典中动词"埋"的释义，我们发现其在解决留学生出现的偏误方面还有所缺失，仍可继续探讨和完善。

综上，有必要对现代汉语中"埋"的义项分布情况进行研究，通过定性与定量结合的方法对现有外向型词典中"埋"的义项划分进行补充和完善，支持和促进汉语学习词典的编纂或汉语二语学习者自主学习。

三、建立动词"埋"的平衡语料库

截至 2021 年 9 月，CCL 语料库中"埋"字的现代汉语语料共计 19 549 条，约 175 万字，按比例抽取了共计 10 000 条约 85.7 万字的语料建立动词"埋"的平衡语料库。动词"埋"的平衡语料库所含各类语料情况见表 6-5。

表 6-5　动词"埋"平衡语料库的语料分布情况

二级分类	三级分类	四级分类	下载语料	抽样语料	三级分类合计
	CWAC	—	139	139	139
	口语	—	63	63	63
	史传	—	211	211	211
当代	应用文	中国政府白皮书	4	4	768
		健康养生	16	16	
		法律文献	6	6	
		社会科学	256	256	
		自然科学	163	163	
		药方	5	5	
		菜谱	9	9	
		议论文	24	24	
		词典	285	285	
		说明书	0	0	

续表

二级分类	三级分类	四级分类	下载语料	抽样语料	三级分类合计
当代	报刊	1994 年报刊精选	1 310	381	2 402
		人民日报	3 027	382	
		作家文摘	825	381	
		市场报	86	86	
		故事会	19	19	
		新华社	3 838	382	
		读书	895	381	
		读者	820	381	
		青年文摘	9	9	
	文学	—	3 524	2402	2 402
	电视电影	文艺	263	263	485
		非文艺	222	222	
	相声小品	—	89	89	89
	网络语料	—	761	761	761
当代	翻译作品	应用文	336	336	2 131
		文学	1 795	1 795	
现代	戏剧	—	23	23	23
	文学	—	526	526	526
合计			19 549	10 000	10 000

对动词"埋"平衡语料库中 10 000 条语料依次标注后，发现语料中有"埋（mán）"的语料 1 308 条，如"埋怨"；有满语音译词"埋汰"的语料 40 条；有错别字等语料 28 条，如"合埋（*理）""地埋（*理）""常任埋事国（*理）"等；有作为专有名词的语料 3 条，如菲力克斯·施埋因纳（人名）、埋个那（品牌名）。以上 1 378 条语料对于动词"埋"的义项划分没有研究价值，均未标注义项，不做讨论与说明。有效语料条数共计 8 622 条。

四、动词"埋"义项分布及描写

袁毓林认为"埋"是二元三位四项四联动词，其能关联的四个从属成分为施事、受事、工具和处所，描写为 V：{A，P，I，L}，配价实例如下。

埋：　　他用沙子～土豆　　　　　　　这些沙子我们～土豆

　　　　他用草袋把土豆～地里了　　　那些土豆他全～沙子里了

　　　　沙子/地里～了不少土豆　　　　这些土豆我们用沙子～

前述词典中关于动词"埋"的释义差异显示，当动词"埋"所涉及的各类对象变化，其词义也产生不同。为了更进一步分析动词"埋"的多义性和各义项之间的关系，我们对语料库中的"埋"所涉及的主客体、空间、工具等对象进行了分析和归类，结果表明该动词在现代汉语中具有四个主要义项。

（一）义项一：将死者的尸骨放到土里

在动词"埋"平衡语料库中，该义项共有 2 174 条，占 25.21%。例句如下。

①现已发现的这种"万人坑"就有 80 多处，埋有劳工尸骨 70 多万具（当代/应用文/中国政府白皮书）

②吕老留下遗嘱说，不留骨灰，要把骨灰埋入地下（当代/报刊/人民日报）

③我看着躺着丽丽尸体的棺木埋在黄土里（当代/文学）

上述例句中，动词"埋"所涉及的客体分别为"尸骨""骨灰"和"躺着尸体的棺木"，均是人死后留下的遗骸、遗骨或盛放遗骸、遗骨的器具。但有的语料中，并不直接以与尸骨类相关的词语作为客体，例句如下。

①什么太太啦，小姐啦，都是远道来的，有钱儿的埋到这儿。所以起坟的时候，……（当代/口语）

②根据焦书记的遗愿，他被埋在县城北面的沙丘上。（当代/报刊/1994年报刊精选）

③我慢慢儿跑到埋人的地方，只看见添了一个扁扁的土馒头。（当代/报刊/《读书》）

上述例句中，动词"埋"所涉及的客体分别为"有钱的（人）""他"和"人"，均为"人"。这些客体一般代表的活着的状态，刚好与"尸骨"的状态相对立。但根据上下文中的"起坟""遗愿""一个扁扁的土馒头"，我们可以判断这些句子中的客体已经失去了生命，特指"死"的状态。其所涉及的空间有"万人坑""地下""黄土里""沙丘上""坟"等，其在形式角色特征方面都与"土"相关。另外，虽上述例句中均未包含工具论元，但根据上下文中的"坑""地下""黄土里""坟""土馒头"等，我们可以判断出其工具论元应该为"土"。"土"是该义项中最常见的工具论元，在语料中常常被省略。而当工具论元变为非典型的"树叶""草木"类时，常需要通过增加凭借论元的方式将其凸显出来。例句如下。

①用土和草把尸体掩埋起来。（当代/翻译作品/《文学》）

②他们只能噙泪用枯枝烂叶将其掩埋了事。（当代/报刊/《作家文摘》）

上述例句中，动词"埋"所涉及的凭借论元分别为"土和草""枯枝烂叶"，此类事物虽然与"土"在形式角色特征不同，但其仍具有［＋覆盖］的语义特征。

因此，根据前人对动词"埋"本义的研究和其所涉及对象的特征，我们认为动词"埋"的本义是由空间、客体、工具和路径等基本意象图示结合构成的复杂的意象图示。基于以下理据创制其意象图示：（1）源点图示中，存在一个平面，用 A 来表示，同时，还存在一个客体，且该客体与"尸骨"类相关，使用骷髅的图标和字母 C 表示；（2）终点图示中，动作"埋"发生后，物体 C 的位置发生了变化，移动到了平面 A 之下；（3）在从源点图示到终点图示的变化中，工具论元具有重要作用，因此在"→"上增加工具论元，且典型工具论元为"土"，因此用点状图标表示。其表现如图 6-5所示。

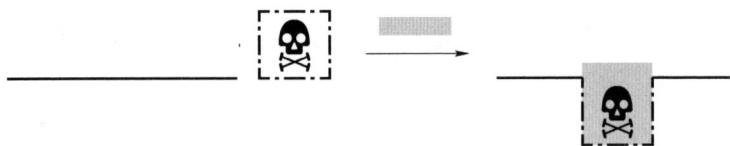

图 6-5　动词"埋"义项一的意象图式

综上，建议凸显该义项中的客体、空间和工具论元，将该义项描写为义项一：将死者的尸骨放到土里。～葬｜掩～尸体｜青山处处～忠骨｜这里～着我的祖先｜我死后，请把我～在那座山上。

（二）义项二：（人或自然力）使土、沙、雪、废墟放在物体上，使其被盖住

根据"埋"的本义，我们发现，当动作"埋"发生后，工具"土"移动到了受事对象上面，覆盖住了客体。语料中，"埋"的客体除了"尸骨"类以外，还有其他各类物体。当"埋"所涉及的受事对象并非"尸骨"时，其语义也不再表示"将其安置到土里"。在动词"埋"平衡语料库中，该类语料共有 2 793 条，占 32.39%。例句如下。

①（她）把纺车埋在柴草堆里。（当代/文学）

②她把一只荷包蛋偷偷地埋在孙悦的面条碗里。（当代/文学）

③他由于在雪地里站得太久，被流雪埋到齐胸深。（当代/报刊/人民日报）

④山脚下的庞贝城、赫库兰尼姆城和史达比镇被火山灰、泥流掩埋得无影无踪。（当代/应用文/自然科学）

上述例句中，动词"埋"的客体分别为"纺车""荷包蛋""他""庞贝城、赫库兰尼姆城和史达比镇"，客体在形式角色方面的差别较大。其涉及的空间为"柴草堆里""面条碗里""雪地里"和"火山灰、泥沙里"，也不再都具有和"土"相关的共同特点。虽然上述例句中"埋"的客体和空间均不相同，但动作"埋"发生后，客体与空间、工具形成了"客体进入了空间中，并被所使用的工具覆盖"的结果，其结果与义项一相同。因此，

建议将该义项描述为"遮盖"。

因此，根据该义项中动作完成后，客体、空间和工具的关系，将该义项的意象图示表现如图6-6所示。

图6-6 动词"埋"义项二的意象图式

该意象图示与义项一的区别主要在于：（1）源点图示和终点图示中，空间A这一平面并未被凸显，因此删除空间A；（2）客体C不再专指"尸骨"类的客体，因此用"（"图形表示。

进一步分析上述例句，发现"埋"所关联的主体具有较大差别，前两例中，发出"埋"这一动作的是人，后两例中则分别为"流雪"和"火山灰、泥流"。在语料库中，该义项内以"人"为主体的语料共2 459条，占27.29%，以其他事物为主体的语料共334条，占3.84%。典型的非"人"类的主体有泥沙类、雪、植物、废墟等，例句如下。

①多深的脚印也被雪埋平了。（当代/文学）

②有几辆散了架的汽车，几乎被高高的杂草埋没了。（当代/翻译作品/文学）

③一场遮天蔽日的黑色沙暴把国王连同他的儿女们和金骆驼埋没在流沙里了。（当代/报刊/《市场报》）

④由于一次突发性的洪水，使寺庙长埋泥土之中。（当代/报刊/新华社）

上述例句中，动词"埋"所涉及的客体分别为"脚印""汽车""国王、他的儿女们和金骆驼"和"寺庙"，在形式角色方面同样具有［＋有形物］的特征，且根据"埋"的结果论元"平""没"，可知其与义项一中的客体结果一样，同样"被覆盖"了。但该结果的产生并非是"雪""草""沙暴"和"洪水"的主观动作，而是"雪"不断积累、"杂草"不断生长和"沙暴""洪水"运动作用。该义项中，在某种自然规律或运动的作用下，土/泥/沙、草、雪等覆盖了物体，因此，在隐喻的作用下使用肢体动作"埋"来描述相似的结果。在语料库中，当主体为非"人"时，该义项中的典型空间有"泥/沙/土里""雪里""废墟下""草/花丛中"，其中"泥/沙/土里"的语料共 157 条，"雪里"的语料共 72 条，"废墟下"的语料共 66 条，"草/花丛中"的语料 22 条。

综上，当"埋"的结果论元被凸显时，建议将该义项描写为义项二：（人或自然力）使土、沙、雪、废墟放在物体上，使其被盖住。～地雷|～线|海盗们在岛上～了很多宝藏|把这个箱子埋到草丛里|沙漠把良田～了|大雪把路～了|地震后，很多人被～在了废墟里。

（三）义项三：藏起来是不被发现或表现出来

根据前述分析，我们发现当主体为"人"时，义项一和义项二中动词"埋"主要依靠手部来执行和完成，属于具体的上肢动作。但在以"人"为主体的语料中发现，完成动作"埋"的除了手部以外，还包括整个躯体，甚至是抽象的思想活动。多义手部动词可由手部动作引申为引申为身体其他部位的动作，也会由具体的空间变化投射到心理层面，从而由具体意义向抽象意义引申。例句如下。

①我们在庞涓必经之路桂陵埋下伏兵，打他个措手不及。（当代/电视电影）

②但她知道他与卡土金娜的关系，所以一直把这种爱埋在心底。（当代/应用文/社会科学）

③斯特也许在构思续集，因此在本书中故布疑阵，埋下伏笔悬念。（当代/报刊/读书）

上述例句中，动词"埋"所涉及的客体分别为"伏兵""爱"和"伏笔悬念"，空间分别为"心底""城外"和"书中"，其客体和空间均存在较大的差异。但通过上下文中的"打他个措手不及""她知道他与卡土金娜的关系"和"也许在构思续集"等描述，凸显出主体"人"是出于某些特定的

目的才实施"埋"这一动作,即当主体是人,动作"埋"的发生,常是被主体试图"使受事对象不被发现"这一动机而触发。

在该义项中,典型的客体论元有"部队""情感""线索""姓名"四类。在语料库中客体为"部队"的共 1 069 条,客体为"情感"的共 360 条,客体为"线索"类的共 254 条,客体为"姓名"的共 134 条。

因此,该义项的意象图示表现如图 6-7 所示。

图 6-7 动词"埋"义项三的意象图式

该意象图示与义项一的区别主要在于:(1)源点图示和终点图示中,空间 A 这一平面并未被凸显,因此删除空间 A;(2)客体 C 中包含有抽象事物,因此用虚线的"□"图形表示;(3)为凸显"不被发现或表现出来"的目的,在源点图示和终点图示中,增加"眼睛"的图标,并用虚线箭头表示视线,并通过其变化表示"能发现/表现出"到"不被发现/表现出"的变化。

综上,当主体为人,"埋"这一动作不再由手发出时,建议凸显其目的论元,将义项二描写为义项三:藏起来是不被发现或表现出来。~伏|隐姓~名|深埋在心里的秘密|把爱~在心底。

(四)义项四:把头、脸、眼睛低下去

在前述的义项一和义项二中,动词"埋"均需要具有工具论元。但在语料库中,部分语料仅能关联三个从属成分,分别为施事、受事、处所或结果。例句如下。

①他依旧埋着头,没有向上望去。(当代/翻译作品/文学)

②他又把眼睛埋下去看觉慧。(当代/文学)

③女人们都受不了,又怕又恼,纷纷把脸<u>埋</u>在膝上。(当代/报刊/《作家文摘》)

以头部或眼睛或脸作为动词"埋"必有论元的语料 1 576 条,占 18.28%。上述例句中,动词"埋"的客体论元分别为"头""脸"和"眼睛",主体论元均为人,即主体和客体是同一体。在该义项中,当动作"埋"发生时,无相关的工具论元出现,并最终覆盖客体,即是动词"埋"的动作仅对客体产生了影响。在语料库中,除了上述例句中的"头""眼睛""脸"以外,类似的客体还有"下巴""鼻子""身(子/体)",其中客体为"头部"的语料共 1 408 条,为"脸部"的语料共 116 条,为"身(子/体)"的语料共 32 条,为"下巴"的语料共 8 条,为"鼻子"的语料共 7 条,为"眼睛"的语料共 5 条。

因此,当"埋"的客体为人体的某个部位,尤其是头部,并产生了与其他义项中"埋"相关联的工具论元类似的"向下"运动的情况时,在隐喻的作用下,"埋"的语义就产生了变化,其运动的方向被凸显了出来。该义项的意象图示表现如图 6-8 所示。

图 6-8　动词"埋"义项四的意象图式

该意象图示与义项一的区别主要在于:(1)源点图示和终点图示中,空间 A 这一平面并未被凸显,因此删除空间 A;(2)客体 C 主要为人体头部的各个组成部分,因此使用类似人头部的图标表示。(3)为凸显在"埋"的运用下,必有论元运动的方向,在终点图示中使用虚线箭头标示运动的方向。

综上,当主体为人,客体为自身组成部分,且不关联工具论元时,建议凸显"埋"的方向,将义项四描写为义项四:把头、脸、眼睛低下去。~下头|~下脸去|把脸~在桌子下|把头~在书本里|他的脑袋深深地~在双手中|孩子把头~进妈妈怀里。

五、小结

本节将语料库技术、论元结构和物性结构理论相结合，重新分析、描写和解释了动词"埋"在现代汉语中的义项分布情况。

与《当汉学》中的义项划分和描写相比较，做出如下变化。

（1）当动词"埋"的客体是特定的含［尸骨］类语义特征的客体时，为其单列义项，描写为"将死者的尸骨安置到土里"。该义项在语料中共有2 174 条，占 25.21%，占比较高，且该义项有较强的文化属性，建议在针对汉语二语学习者时为其单独设置义项。

（2）在义核为"盖住"的义项中，增加"废墟"。因在语料中发现与灾害相关的话题中，与"废墟"相关的语料数量仅次于泥沙类。为了使汉语二语学习者更全面地掌握与"埋"相关的论元，建议在此义项的描写中增加了"废墟"。

（3）在义核为"低下去"的义项中，增加"脸"。因在语料中，涉及"脸"的语料数量较多，因此在此义项的描写中增加了"脸"。

为了便于汉语二语学习者更加直观的掌握动词"埋"的各义项，我们根据各义项中的其所涉及的典型的主体、客体、处所和工具，制作了动词"埋"各义项与典型论元的搭配表。如表 6-6 所示。

表 6-6 动词"埋"各义项与典型论元的搭配表

义项	典型主体	典型客体	典型处所	典型工具
将死者的尸骨安置到土里	手	尸骨	土里	土
（人或自然力）使土、沙、雪、废墟放在其他物体上，使其被盖住	手	物体、人	下面	土、沙、雪、叶等
	自然力	物体	—	土、沙、雪、废墟等
藏起来是不被发现或表现出来	身体	—	里面、下面	土、沙、叶等
		抽象事物	心里/底；事件中	—
把头、脸、眼睛低下去	人	头、脸、眼睛等	上面、里面	—

第七章 "塞""嵌"次类代表动词义项划分及描写

第一节 动词"塞"的义项划分及描写

"塞"在《现代汉语频率词典》中使用度级次 595，使用度 46，词次 60，累计词次 1 108 932，频率 0.004 6，累计频率 84.367 7。在 CCL 语料库现代汉语语料中共出现 73 314 次，总汉字 10 645 个中排序为 1 821 位。并被归入《国际中文教育中文水平等级标准》六级词汇中。

一、现有词典中动词"塞"的义项划分及描写

《说文解字》中"塞"的释义为"隔也。从土从。先代切"。《汉字源流字典》认为：从构造上看，"塞"为会意兼形声字。甲骨文从宀，从二工（表筑墙杵），从双手，会双手持杵筑墙将窗户堵住之意，即所谓"塞向墐户"。金文多加了两个工。篆文又加了义符土，表示用土堵塞。李天姿在调查上古文献中的"塞"后，指出"塞"主要用来表示堵住相通的空间，使内外隔断。

《现汉》中"塞"作为动词的释义如下。

塞（sāi）：把东西放进有空隙的地方；填入。箱子里还可～进几件衣服|把窟窿～住◇～给他几块钱。

塞（sè）：义同"塞"（sāi），用于某些合成词中。

根据上述的释义，"塞"作为动词时，虽在发音上存在 sāi/sè 的差别，但在意义上无差别。因此本书在讨论动词"塞"的义项时，仅从意义角度开展研究，发音不作为义项划分的依据。我们还考察四部汉语学习词典中"塞"的释义描写，具体释义如表 7-1 所示。

表 7-1　汉语学习词典中"塞"的释义

词典	塞（sāi）		塞（sè）	备注
	义项 1	义项 2		
《现学》（孙版）	堵；填满	装填进去	（素）堵住，用于某些书面语词	—
《8000 词》）	把东西放进有空隙的地方；填入	—	未单独收录	在"塞（sāi）"义项中添加【提示】，"塞"又读 sè，如"阻塞"
《商务馆学》	填进或放进一个东西里，使没有空儿	—	（素）堵住，使不能通过	—
《当汉学》	用力把东西放进有空隙的地方，使勉强放下	堵住，使不通	未单独收录	—

从上表可以看出，四部汉语学习词典中的对动词"塞"的义项划分和释义描述不尽相同。首先，关于"塞（sè）"的收录和释义，其中《现学》（孙版）和《商务馆学》单列了条目，并认为其为"语素义"；《8000 词》中仅在以【提示】的"塞（sāi）"的条目内标注；而《当汉学》既未单独收录，也未进行提示。其次，关于"塞（sāi）"的收录和释义，其中《8000 词》《商务馆学》两本词典的看法较为相似，仅设立了 1 个义项，且释义描写基本与《现汉》一致。而《现学》（孙版）《当汉学》两本词典均设立了 2 个义项，《现学》（孙版）义项一和《当汉学》义项二释义

描写相似，释义义核均含有"堵"，而另一义项的释义义核分别使用了"装填"和"放"。

通过调查《现汉》和四部汉语学习词典中动词"塞"的释义，可以看出编者们对"塞"义项的划分和描写尚未形成统一的观点，不利于汉语二语学习者了解和掌握。

二、汉语二语学习者动词"塞"的使用偏误分析

为了解汉语二语学习者对动词"塞"的掌握情况，我们在 HSK 动态作文语料库中进行了检索，检索到以下因为对动词"塞"和其他词语义混淆而出现的偏误，例句如下。

①如果农作品含量了大量的化肥和农药。我妈每天吃，那么十年以后，我妈身体里边愈来愈塞着吧。（语料编号：200307109523200123）

②首先应该解决交通堵车的问题。（语料编号：200005108525200307）

例①中，本义想要表达"农药与化肥"在身体中残留、累计了，但学生把认为身体的状况与管道被堵塞的情况类似，过度联想导致了"塞"的误用。例②中，"堵车"可以单独使用，但是当与主语"交通"相搭配时，出现主谓搭配不当的问题，因此需要将"堵车"改为"堵塞"。

三、建立动词"塞"的平衡语料库

截至 2021 年 9 月，CCL 语料库中"塞"字的现代汉语语料共计 73 314 条，约 698.75 万字。逐条分析后发现，"塞"字语料中有大量外来语音译词语料，如"埃塞俄比亚""马萨诸塞州""塞娜"等，此类语料有 56 616 条。因此，本书先将外来语音译词语料排除后，在剩余 16 698 条语料中，抽取了共计 10 000 条约 92.8 万字的语料建立动词"塞"的平衡语料库。动词"塞"的平衡语料库所含各类语料情况见表 7-2。

表 7-2　动词 "塞" 平衡语料库的语料分布情况

二级分类	三级分类	四级分类	下载语料	非音译词语料	抽样语料	三级分类合计
	CWAC	—	395	92	92	92
	口语	—	39	26	26	26
	史传	—	209	96	96	96
	应用文	中国政府白皮书	13	1	1	1 288
		健康养生	166	152	152	
		法律文献	1	1	1	
		社会科学	398	174	174	
		自然科学	260	72	72	
		药方	272	267	267	
		菜谱	60	58	58	
		议论文	95	83	83	
		词典	530	428	428	
		说明书	67	52	52	
当代	报刊	1994 年报刊精选	1 955	1 147	405	2 676
		人民日报	17 585	3 127	407	
		作家文摘	1 136	556	405	
		市场报	321	198	198	
		故事会	37	36	36	
		新华社	31 187	2 991	407	
		读书	2 558	637	405	
		读者	1 598	737	405	
		青年文摘	15	8	8	
	文学	—	3 020	2 587	2 587	2 587
	电视电影	文艺	275	249	249	336
		非文艺	191	87	87	
	相声小品	—	48	40	40	40
	网络语料	—	1 950	865	865	865
	翻译作品	应用文	1 919	207	207	1 597
		文学	6 617	1 390	1 390	
现代	戏剧	—	15	15	15	15
	文学	—	382	319	382	382
合计			73 314	16 698	10 000	10 000

对动词"塞"平衡语料库中 10 000 条语料依次标注后，发现语料中有作为名词"塞（sāi）"的语料 714 条，如"火花塞""活塞""（软）木塞""塞尺/规"；有作为名词"塞（sài）"的语料 177 条，如"塞（sài）上江南""边塞（sài）""塞（sài）北"；有表拟音的语料 28 条，如"哇塞"；还有表示人名、地名等专有名词的语料共计 57 条，如张塞（人名）、塞风文化（公司名）、梁河县芒东乡大树塞村（村名）；另有错别字等语料 13 条，如"奥林匹克竞塞（*赛）""打扮得脸上颜色塞（*赛）过雨后虹霓""塞（*寒）暄"。以上 989 条语料对于动词"塞"的义项划分没有研究价值，均未标注义项，不做讨论与说明。有效语料条数共计 9 011 条。

四、动词"塞"义项分布及描写

袁毓林认为"塞"是二元二位三项三联动词，其能关联的四个从属成分为施事、受事和处所，描写为 V：{A，P，L}，配价实例如下。

塞：　弟弟在书包里～了不少玩具　　毛巾你～背包里了吗？

　　　弟弟把玩具～书包里了　　　　玩具被弟弟～书包里了

　　　圆规灶～书包里了　　　　　　口袋里～了不少零食

因此，本研究将结合"塞"所涉及的主体论元、客体论元和处所论元的物性结构特征来考察与分析动词"塞"的义项。

（一）义项一：把（塞子、布等）特定物体放到孔、洞等开口处，使堵住使不通

根据《说文解字》对动词"塞"本义的分析与释义，我们认为其是由不同空间、堵塞物（客体）、路径等基本意象图示结合构成的复杂的意象图示。在动词"塞"平衡语料库中，"塞"作为本义的义项共有 2 459 条，占 27.29%。

根据动词"塞"的本义，基于以下理据。（1）存在两个相通的空间，一个空间处于另一空间内，产生了内外空间的区别，因此分别用 A、B 来

表示空间，其中空间 B 位于空间 A 内，且 B 上存在开口，使其内空间与外面的空间 B 相通。用虚线箭头表示两个空间可相通的特性。（2）存在一个物体，用 C 来表示，C 能放到 B 的开口处，因此用与 B 开口处大小接近的大小表示物体，即"塞"的客体 C。（3）动作"塞"发生后，物体 C 的位置发生了变化，从空间 B 外移动到了空间 B 的开口处，因此用"→"来体现这一改变，其中，"→"左侧是源点图示，右侧是终点图示。其表现如图 7-1 所示。

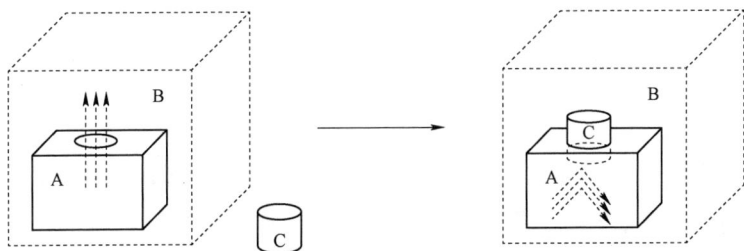

图 7-1 动词"塞"义项一的意象图式

在上图中，当"塞"表示本义时，空间 A 的形式角色的特殊性最为明显，需具有［＋洞/开口/孔/眼儿］的语义特征，"塞"这一动作才能得以实现。动词"塞"平衡语料库中，该义项中的空间 A 为"洞"类的语料共 446 条，为"开口"类的语料 101 条，为"孔"类的语料有 83 条，为"眼儿"类的语料 7 条，为"缝"类的语料 18 条，为"窟窿"类语料 5 条。例句如下。

①用鸭颈皮塞住刀口，成八宝鸭、将八宝鸭、鸭骨架、猪骨、猪肥膘一起放入水锅中。（当代/应用文/菜谱）

②女战士孙卓因高原性感冒，鼻血不止，她用棉花塞住鼻孔，坚持演完了 2 个小品和 3 个舞蹈。（当代/报刊/人民日报）

③君亭说："烂套子也能塞墙窟窿。"（当代/报刊/人民日报）

上述例句中空间 A 分别为"鸭子""鼻子""墙"，"鸭子身上的刀口""鼻孔""墙上的窟窿"使这些空间原本具有一定封闭性的空间和外空间可以"相通",这是动作"塞"得以实现的前提。

当"塞"表示本义时,客体论元 C 的形式角色特征也对动作"塞"的实现具有重要影响。并非任何物体都可以充当"塞"的客体。在语料中,充当其客体论元的典型事物主要有塞子、棉花及布类等,其中棉花及布类的事物共 231 项,塞子共 55 项。例句如下。

①张无忌忙取过木塞,塞住了竹筒口子。(当代/文学)

②母亲用棉条塞住小毛鼻孔,擦去他脸上的血,叫他朝后仰。(当代/网络语料)

③破处用烂布团塞着,远看就像乱七八糟瞪着的一支支黑眼睛。(当代/文学)

除上述两类典型事物外,在该义项中可充当客体的事物还有树叶、石头等。例句如下。

①到快装满时,用竹叶塞紧筒口,把竹筒倒置,使多余的水分流出来。(当代/报刊/新华社)

②小玉也不回话,却从船头下找出了一大块黄蜡,然后分成两半,用手揉软,将船底的两个洞塞了起来。(当代/文学)

③洞口被矿石堵塞得仍是密不通风,必须把土移开。(当代/翻译作品/文学)

上述例句中的客体论元分别为竹叶、黄蜡和矿石,与典型论元在形式角色方面的特征较为不同,但其均具有一定的可塑性,能嵌入空间 A 的空隙处使空间相隔。因此,我们认为该义项中"塞"的客体论元在形式角色方面需具备[+有形物]和[+可嵌合性]的语义特征,才能使"塞"的动作得以实现。

当动作"塞"实施后,空间 A 和 B 之间的关系由"相通"变为了"相隔",部分语料通过增加"塞"的结果论元"住""紧"来凸显这种空间关系的变化,增加了结果论元的语料共 158 条。例句如下。

①雨使村北水库涨满,疏水洞的铁算子又被碎石和破塑料布塞住了,

水排不出去。（当代/报刊/人民日报）

②置于 100 毫升量瓶内，加水到刻度，然后<u>塞</u>紧瓶塞，上下多次倾倒摆动，多次混匀。（当代/CWAC）

上述例句中，"疏水洞的铁箅子""瓶子"被塞后，疏水洞内和洞外、瓶子内和瓶子外两个空间均从"相通"的状态变为了"相隔"的状态。

除了增加结果论元外，部分例句也通过增加目的论元的方式，凸显实施动作"塞"的目的和意图，此类语料共 59 条。例句如下。

①因气候干热，鼻孔出血，用棉花蘸醋<u>塞</u>住鼻孔，可止住鼻血。（当代/报刊/市场报）

②加少量无水硫酸钠除去水分，用软木塞<u>塞</u>紧以免石油醚挥发。（当代/CWAC）

上述例句中，通过目的论元的增加，凸显出实施"塞"这一动作将使血、石油醚只能在鼻孔内或瓶子内。

综上，建议凸显该义项中"塞"的空间 A 和客体论元 C 的形式角色特征、空间 A 和 B 之间关系的变化，将该类语料中"塞"的义项描写为义项一：用（塞子、布等）特定物体将孔、洞等开口处堵住使不通。～窟窿|～漏洞|用棉花～住耳朵|把抹布～在他嘴里。

（二）义项二：堵住管道，通道，道路等，以阻止物体移动或流过

在动词"塞"平衡语料库中，该义项共有 2 964 条，占 32.89%。该义项中涉及到的空间主要为管道、河流、道路类空间，其中有关交通类空间的语料 772 条，信息通道类空间 514 条，语流 145 条，河流类空间 85 条。充当其客体论元的的典型事物为出现在上述空间中的交通工具、泥沙等，其中客体为"车"的语料有 174 条，泥沙类的事物 17 项。例句如下。

①店门口狭窄到只能容一辆车进出，若两头堵上就<u>塞</u>车了。（当代/文学）

②淤泥<u>塞</u>流水，人欲<u>塞</u>天理。（当代/报刊/人民日报）

③倘若没有畅通的信息渠道、则如人体中的血液循环系统中的血管被堵塞一样，全身必将瘫痪。（当代/应用文/社会科学）

上述例句中，"店门口（的路）""流水""信息渠道"虽然在形式角色方面不像义项一中的空间具有较高的"封闭"性，并且具有［＋洞/开口/孔/眼儿］的语义特征，但其均具有［＋贯通］的语义特征，和义项一中源点图示中两个空间的相互关系——"相通"的特征一致。当动作"塞"实施后，"店门口（的路）""流水""信息渠道"被客体堵住，由一个具有［＋贯通］的空间被分离为两个"相隔"的空间。

与义项一一样，该义项中也常使用结果论元，来凸显出"塞"这一动作的实施会将原本"相通"的通道"相隔"，使其不再贯通。例句如下。

①上千家形色各异的丝网门市部把主要的街道塞得满满当当。（当代/报刊/人民日报）

②据说，碰上较长的休假日，如圣诞、年关、春节，连高速公路也堵塞得寸步难行。（现代/文学）

③在不宽的河面上，舟舸迤逦，拥塞得只存下一条窄窄的水路，泛着蓝幽幽的光亮。（当代/报刊/人民日报）

上述例句中，结果论元分别为"满满当当""寸步难行""只存下一条窄窄的水路"，这些结果论元凸显出空间在动作"塞"发生后，变为了"不贯通"的状态。

因此，基于"塞"本义的意象图示，结合该义项中客体的形式角色特征和其动作"塞"发生前后的变化，该义项的意象图示表现如图 7-2 所示。

图 7-2 动词"塞"义项二的意象图式

上图中，与义项一的差别为：（1）左边的源点图示中，空间数量减少 1，不存在两个具有较高封闭性的空间 A 和 B，仅存在 1 个相贯通的空间 A，为了凸显其"贯通"的特征，使用管状图标表示，标示为 A；（2）右侧的终点图示中，客体 C 进入空间 A 后，原先相贯通的空间 A 被"相隔"为了两个空间，分别用 A_1 和 A_2 标示。

综上，建议凸显该义项中"塞"的空间 A 和客体论元 C 的形式角色特征，以及空间 A 形式角色特征的变化，将该类语料中"塞"的义项描写为义项二：堵住管道，通道，道路等，以阻止物体移动或流过：～车|淤～|信息闭～。

（三）义项三：（用力）将物品放入其他物品中

在动词"塞"平衡语料库中共有 3 524 条，占 39.11%。例句如下。

①有一天我拉开一只抽屉，其中<u>塞</u>满了信——都是我的笔迹。（/当代/报刊/读者）

②张先生回家后立即脱下了那身干净服装，<u>塞</u>在箱角。（当代/文学）

③下班回家路上，我把一首赞美她的小诗<u>塞</u>在她手心。（当代/报刊/作家文摘）

上述例句中"塞"的客体论元分别为"信""衣服""（写着）小诗（的纸）"，空间 A 分别为"抽屉""箱角""手心"。在此义项中，客体在形式角色方面，不再具有义项一中"嵌合性"的语义特征，即"信"与"抽屉"，"衣服"与"箱角"，"（写着）小诗（的纸）"与"手心"在形状、体积等空间量的方面均不相等。在部分语料中，客体 C 在体积上甚至还超过了空间 B 可容纳的量。例句如下。

①她身体长得过于丰满，一双肥厚的脚<u>塞</u>在低跟鞋里。（当代/报刊/读者）

②泰斯叹著气，这个皮背心根本不可能让卡拉蒙的大肚子<u>塞</u>进来。（当代/翻译作品/文学）

③当螳虫似的小汽车<u>塞</u>满街头缓缓蜗行。（当代/报刊/1994 年报刊精选）

上述例句中，客体论元分别为"脚""肚子""小汽车"，在描述客体论元形式角色特征时分别使用了"肥厚""大"来凸显了客体论元体积过大，超过"低跟鞋""皮背心"实际可容纳的量，用"蝗虫似的"来凸显客体论元数量太多，聚集在一起超过了"街头"可容纳的量。除了增加客体形式角色特征描写外，增加方式论元也同样可以凸显客体的量过大或过多的语义特征。例句如下。

①虽然卖报的强<u>塞</u>给他一全份小报，他到底不肯接收。（现代/文学）

②把脚硬<u>塞</u>进过瘦的鞋子。（当代/应用文/健康养生）

然后我就要将天下的人全部找来，把这些东西橡填鸭似的<u>塞</u>到他们肚子里去。（当代/文学）

上述例句中，分别增加了方式论元"强""硬""像填鸭似的"，表现出"塞"实施过程中的"不轻松""不容易"，从而凸显了客体论元和空间 A 实际可容纳量之间的差异。主要使用的方式论元有"强""硬/硬是""竟""拼命""努力""不遗余力""强制性"等，共 154 条。

除增加方式论元，部分语料中的结果论元同样也凸显出客体量过大的语义特征。例句如下。

①狭窄的淋浴室里能装得下多少人就硬往里<u>塞</u>多少人，一直<u>塞</u>到人们转不开身的时候，再放凉水或浇热水。（当代/翻译作品/文学）

②孩子一把抢过去，三下两下，通通<u>塞</u>进了嘴里，两腮都<u>塞</u>得鼓了起来。（当代/文学）

③快艇只能容纳 10 至 12 名乘客，但惟利是图的走私分子硬是<u>塞</u>进了 30 名古巴人。（当代/报刊/新华社）

上述例句中，结果论元分别为"到人们转不开身""鼓了起来""进了 30 名古巴人"，这些结果论元均凸显了客体论元和空间 B 实际可容纳量之间的差异，尤其例③。例③结果论元中的表示客体量的数字"30"和表示空间功用角色中量的数字"10 至 12"的对比，更加清楚地凸显出客体与空间之间量的差异。

因此，结合该义项中客体的形式角色特征、"塞"的方式论元和结果论元，基于以下理据创制其意象图示，如图 7-3 所示：（1）左边的源点图示中不存在两个空间，仅凸显 A 的内空间，且 A 或 A 的开口处存在小于客体 C 的情况；（2）在从源点图示到终点图示变化的过程中，使用"手"的图标，表示该义项中的"塞"这一行为需要一定量的力发挥作用，凸显动作"塞"与动作"放入"的差异；（3）右侧的终点图示中，用虚线表现出客体 C 从开口处进入到 A 内的部分，用 C_2 表示。通过 C_1 和 C_2 的对比凸显客体和空间在形式角色特征方面所存在的量的差异。

图 7-3 动词"塞"义项三的意象图示

综上，建议凸显该义项中"塞"的空间 A 和客体论元 C 形式角色中量的差异，将该类语料中"塞"的义项描写为义项三：（用力）将物品放入其他物品中。填～|箱子里还可～进几件衣服|把钱～进她手里。

（四）义项四：（通过特殊方式或手段）加入

该义项在动词"塞"平衡语料库中共有 64 条，占 0.71%。例句如下。

①3 天前，有人为了加<u>塞</u>，竟以手榴弹和火箭筒相威胁。（当代/报刊/新华社）

②这些年一些款爷经理们倒是凭着赞助<u>塞</u>进自己的子女上了这所区重点。（当代/文学）

③将行政人员换个名头，<u>塞</u>进各类吃"皇粮"的事业单位和社会中介组织。（当代/报刊/人民日报）

上述例句中，"塞"的客体论元分别为"子女""人""行政人员"，三者在句中被凸显的是其功用角色特征"占据位置，成为队列中的一员""成为这所区重点（学校）中的一员""成为事业单位和社会中介组织的一员"，而并非形式角色特征"人体的外形"，即该义项中的客体的功用角色"加入某类集合/集体，成为其中的一部分"。同时，在该类语料中，常出现"塞"的方式论元，凸显"塞"这一行为与"加入"的区别，如例句中增加了方式论元"以手榴弹和火箭筒相威胁""凭着赞助""换个名头"来表明"塞"结果的实现需要依赖特殊的方式或手段。基于"塞"本义的意象图示，该义项的意象图示表现如图 7-4 所示。

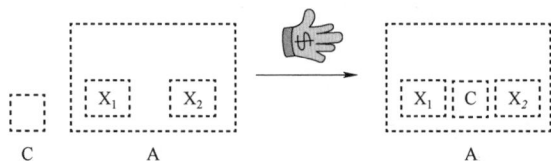

图 7-4　动词"塞"义项四的意象图式

当客体论元的功用角色特征被凸显时，在隐喻机制的作用下，"塞"的语义也随之发生了变化。当实施动作"塞"以后，客体 C 的空间位置从独立于空间 B 的位置变为了存在于空间 B 内；空间 B 内的状态也发生了变化，表现在：空间 B 内除原有的存在物 X 外，新增了 A，即 A 与空间 B 的关系为全部进入，A 与空间 B 内的 X（X_1、X_2、…）形成了同时存在的关系。在从源点图示到终点图示变化的过程中，使用"带着金钱的手"，表示该义项中的"塞"这一行为需要"通过特殊方式或手段"，凸显与"加入"的差异。

综上，建议凸显该义项中"塞"的客体论元的功用角色特征和方式论元，将该类语料中"塞"的义项描写为义项四：（通过特殊方式或手段）加入。加～|～进公司|～入不平等条款。

五、小结

本节将语料库技术、论元结构和物性结构理论相结合，重新分析、描写和解释了动词"塞"在现代汉语中的义项分布情况。

与《当汉学》中的义项划分和描写相比较，做出如下变化。

（1）增设两个新义项，分别为义项三和义项四。义项三"（用力）将物品放入其他物品中"，共有 3 524 条，其中所涉及空间的形式角色与义项一和义项二有较大差别，同时，在该义项中客体和处所空间在量的差异方面存在较大的差异，因此方式论元被凸显。义项四"（通过特殊方式或手段）加入"，共有 64 条，其所涉及的空间主要为"社会空间"，因此单列义项。

（2）在义项一中凸显工具、处所的形式角色和结果的语义特征，将其描写为"用（塞子、布等）特定物体将孔、洞等开口处堵住使不通"。

（3）在义项二中凸显空间的客体角色和结果，将其描写为"堵住管道，通道，道路等，以阻止物体移动或流过"。

为了便于汉语二语学习者更加直观的掌握动词"塞"的各义项，我们根据各义项中的其所涉及的典型的主体、客体、处所和工具，制作了动词"塞"各义项与典型论元的搭配表。如表 7-3 所示。

表 7-3　动词"塞"各义项与典型论元的搭配表

义项	典型主体	典型客体	典型处所	典型目的
用（塞子、布等）特定物体将孔、洞等开口处堵住使不通。	人	塞子、布	孔、洞等开口处	使不通
堵住管道，通道，道路等，以阻止物体移动或流过。	交通工具、泥沙	—	管道，通道，道路	阻止物体移动或流过
（用力）将物品放入其他物品中	人	物体	其他物体（比客体小）	放进去
通过特殊方式或手段）加入	人	人	公司、学校等	加入

第二节　动词"插"的义项划分及描写

"插"在《现代汉语频率词典》中词次 123，累计词次 1 001 183，频率 0.009 36，累计频率 76.170 2，使用度 98，使用度级次 543。在 CCL 语料库现代汉语语料中共出现 23 694 次，总汉字 10 645 个中排序为 1 590 位。被归入《国际中文教育中文水平等级标准》五级词汇中。

一、现有词典中对动词"插"的义项划分及描写

《说文解字》中"插"的释义为"刺肉也。从手从臿。楚洽切。"。《汉字源流字典》认为："插"为会意兼形声字。从手从臿会意，臿也兼表声。本义为刺入、扎进。

《现汉》中的"插"释义如下。

义项一：长形或片状的东西放进、挤入、刺进或穿入别的东西里：～秧|双峰～云|～翅难飞|把插销～上。

义项二：中间加进去或加进中间去：～手|安～|～一句话。

义项一为《说文解字》中的本义，仍代表由手（或类似主体）实施的具体的肢体行为动作，释义中还强调了受事的外形特征"长形或片状"和处所"别的东西中"；义项二为新义项，动作主体则不再局限为手（或类似主体），主体范围有所扩大，也不再代表具体的肢体行为动作，指代笼统的动作。

还考察了四部汉语学习词典中"插"的释义描写，具体释义如表 7-4 所示。

表 7-4　汉语学习词典中"插"的释义

词典	义项一	义项二
《现学》（孙版）	扎进去；放进去	中间加入
《8000 词》	长形或片状的东西放入、挤入、扎进别的东西里	中间加进去
《商务馆学》	刺进或放进另一个空间中	加到中间去
《当汉学》	把长形、片状的东西放进、挤进或扎进别的东西里面	中间加进去；加到中间去

从表 7-4 可以看出，四部汉语学习词典中的释义相似度较高。其中，义项 1 均为"插"的本义，表示具体的肢体动作。义项 2 释义义核均为"加"，并强调了处所"中间"，动作主体则不再局限为手（或类似主体），主体范围有所扩大，也不再代表具体的肢体行为动作，指代笼统的动作。该四部汉语学习词典除释义较为相似，还与《现汉》的释义基本一致。

二、汉语二语学习者动词"插"的习得偏误分析

为了解汉语二语学习者对动词"插"的掌握情况，我们在 HSK 动态作文语料库中进行了检索，检索到以下因为对动词"插"和其他词语义混淆而出现的偏误，例句如下。

①那一年，父亲满身都（*插了）管子，好像非常痛。（语料编号：200205212525200058）

②这段生活小插曲反映的"代沟"问题。（语料编号：200210540540150088）

③我的个性是"朋友有难，两肋扎刀"。（语料编号：200105550523150207）

例①中，学习者漏用了动词"插"，说明其对动词"插"的语义和使用未完全掌握。例②中，学习者可能误将"插"和"播"相混淆了，因二者均可搭配客体"歌曲"，但其二者所涉及的处所论元有较大区别。例③中，学习者可能误将"插"和"扎"相混淆了，因二者均可搭配客体"刀"，但其二者与特定的处所论元"肋"相搭配时，语义有所不同。但对应上述四部词典中动词"插"的释义，发现其在解决留学生出现的偏误方面还有所缺失，仍可继续探讨和完善。

三、建立动词"插"的平衡语料库

截至 2021 年 9 月，CCL 语料库中"插"字的现代汉语语料共计 213 024 条，约 92.8 万字。按比例抽取了其中"插"的 10 000 条约 93 万字的语料建立了动词"插"的平衡语料库。动词"插"的平衡语料库所含各类语料情况见表 7-5。

表 7-5　动词"插"平衡语料库的语料分布情况

二级分类	三级分类	四级分类	下载语料	抽样语料
当代	CWAC	—	265	122
	口语	—	47	27
	史传	—	170	80
	应用文	中国政府白皮书	3	2
		健康养生	19	6
		法律文献	3	3
		社会科学	228	109
		自然科学	191	94
		药方	10	3
		菜谱	78	32
		议论文	91	37
		词典	365	159
		说明书	67	25
	报刊	1994 年报刊精选	1 464	741
		人民日报	3 286	1 485
		作家文摘	1 011	484
		市场报	278	124
		故事会	11	5
		新华社	2 311	1 126
		读书	1 598	762
		读者	680	354
		青年文摘	16	7
	文学	—	4 232	1 972
	电视电影	文艺	323	146
		非文艺	154	63
	相声小品	—	63	27
	网络语料	—	866	390
	翻译作品	应用文	500	243
		文学	2 331	1 088
现代	戏剧		34	16
	文学	—	607	268
合计			21 302	10 000

对该平衡语料库中 10 000 条语料依次标注后，发现语料中用于人名、地名、动物名、服装名或者设备名等专有名词中的语料共计 101 条，占 0.1%，例如，插尔奈普（人名）、老插（指插队队员）、三插溪电站（地名）、间插血吸虫（动物名）、插尾裙（服装名）、光分插复用设备（设备名）等。另有错别字语料 5 条，占 0.05%，例如，"从穷到富、从插（*卑）下到尊贵""插（*擦）桌子、摆碗筷""委插（*任）令"。以上 106 条语料对于动词"插"的义项划分没有研究价值，均未标注义项，不做讨论与说明。有效语料条数共计 9 894 条。

四、动词"插"义项分布及描写

袁毓林认为"插"是二元三位三项三联动词，其能关联的四个从属成分为施事、受事、材料和处所，描写为 V：{A，P，L}，配价实例如下。

插：　他在花瓶里～了几枝花　　这几枝花你～花瓶里吧

　　　他把花全～花瓶里了　　　那些花早被他～在花瓶了

　　　那些花早～花瓶里了　　　花瓶里～了几枝花

（一）义项一：把细长或片状物体放入、刺进别的物体中

根据《说文》可知，"插"本义表达的是一个表示肢体动作的事件，即"用手把物体刺入某个物体中"，即其本义是一个由容器、路径等基本意象图式结合构成的复杂的意象图示。基于以下三点现实依据。第一，"插"的客体论元的源点位置在空间外，即独立于空间存在。"插"的客体论元的终点位置在空间内，与空间的关系为（部分）进入，因此分别用 A 和 B 表示客体论元和空间，且 A 的形体小于 B。第二，空间 B 的用途是"容纳"，因此用 X 表示其所容纳的除客体论元 A 外的事物。第三，"插"的本义涉及客体论元位置的变化，因此用"→"来体现这一改变。其中，"→"左侧是源点图示，右侧是终点图示。其表现如图 7-5 所示。

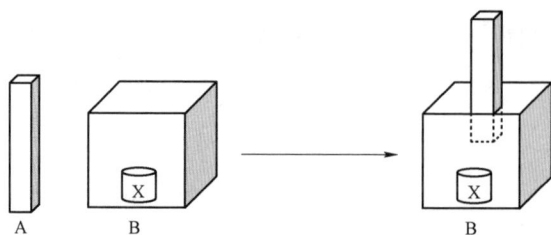

图 7-5　动词"插"义项一的意象图式

在上图中，客体论元 A 受到"插"这一动作的影响最为明显，其在整个"插"的事件中最容易被凸显出来。当客体论元 A 被凸显时，其与不能被"插"所支配的事物在形式角色特征方面存在明显的差异，即"插"客体论元在形式角色方面需具备［＋有形物］和［＋长形］或［＋片状］或［＋尖］的语义特征。该义项在"插"平衡语料库中共有 4 208 条，占 42.53%。例句如下。

①妈一早起来到地里掐一大把山药花，一大把叶子，回来插在瓶子里。（当代/文学）

②我们兄弟几个就如同老虎插上了翅膀。（当代/文学）

③奥勃良来回踱着步，一只手插在黑制服的口袋里。（当代/翻译作品/文学）

在"插"平衡语料库中，"插"表示肢体动作时，充当其客体论元的事物共 303 种，其中重复出现的有 163 种，出现频次排序前十位的典型客体论元分别为：花、翅膀、旗、手、刀、管（子）、插头、针、插销、卡、剑，具体情况如表 7-6 所示。

表 7-6　"插"义项一中的客体论元排序表

序号	客体论元	数量/条	形式角色
1	花	433	［＋长形］，单位：枝、朵、把、束、串
2	翅膀	334	［＋长形］和［＋扁平状］，单位：只、个
3	旗	309	［＋长形］，单位：只
4	手	298	［＋长形］、［＋扁平状］或［＋尖］，单位：把
5	刀	279	［＋长形］或［＋扁平状］和［＋尖］，单位：根

续表

序号	客体论元	数量/条	形式角色
6	管（子）	171	［＋长形］和［＋细］，单位：根、枚
	插头	171	［＋长形］和［＋细］，单位：个
7	针	162	［＋长形］、［＋细］和［＋尖］，单位：根、棵
8	插销	154	［＋长形］、［＋细］，单位：个
9	卡	106	［＋扁平状］，单位：张
10	剑	92	［＋长形］、［＋扁平状］和［＋尖］，单位：把

为更清楚地凸显客体的形式角色特征，部分语料中还专门添加了对客体形式角色的描写，此类语料共有 206 条，主要从长度、粗细程度、厚度和锐利度四个维度方面来对客体论元的形式特征进行描写。突出描写长度维度的语料共 93 条，主要的描写用语有"长（长）""短"或长度值。例句如下。

①他的垂边帽翻边上插着长长的、闪闪发亮的羽毛。（当代/翻译作品/文学）

②黎德力拉的短剑已插进他的肋下。（当代/史传）

突出描写粗细度维度的语料共 22 条，主要的描写用语有"细"或直径值。例句如下。

①其顶端细如发丝，其直径兴许只有千分之一厘米——它们可以插入视网膜的单个细胞、膝状关节或者经局面部麻醉后插入猫或者猴子的视皮层里面去。（当代/翻译作品/应用文）

②店主操起一根两指粗的木棍，插进瓷缸中的透明状胶体内……（当代/网络语料）

突出描写厚度维度的语料共 4 条，主要的描写用语有"薄"。例句如下。

①只有一张薄卡，可随时插入计算机……（当代/报刊/《市场报》）

突出描写锐利度的语料共 65 条，主要描写用语有"尖（尖）""锋利"。例句如下。

①剩下的母蝉，就用它尖尖的尾巴，插到树皮里产卵。（当代/报刊/《读者》）

②迅速的将锋利的刀锋插入两人之间的桌面。（当代/翻译作品/文学）

上述四个维度的特征常常相互关联，同时描写了两个维度的语料共 9 条，例句如下。

①马上要进入某贵夫人的下午茶会，又尖又细的皮鞋跟儿每一步都有插进石板缝的危险。（当代/文学）

②板上并水平固定好，将一根 12～15 cm 长的细钢针或针状物垂直插在圆心上。（当代/网络语料）

综上所述，建议凸显该义项中"插"的客体论元的形式角色特征，将该类语料中"插"的义项描写为义项一：把细长或片状物体放入、刺进别的物体中：把花～在瓶子里|～翅难飞|把插销～上。

（二）义项二：加入

人类思维最重要的功能是越来越善于抽象化，由认识物体的具体的可感特征到认识事物的抽象的本质属性。在"插"平衡语料库中，我们发现"插"的客体除了具有［＋长形］或［＋片状］或［＋尖］的语义特征的有形物外，还有不具备上述形式角色特征的抽象物。当客体论元 A 在形式角色方面不再具备［＋有形物］和［＋细长］或［＋片状］或［＋尖］的语义特征，实施动作"插"以后，客体 A 的空间位置从独立于空间 B 的位置变为了存在于空间 B 内；空间 B 内的状态也发生了变化，表现为空间 B 内除原有的存在物 X 外，新增了 A，即 A 与空间 B 的关系为全部进入，A 与空间 B 内的 X（X_1、X_2、…）形成了同时存在的关系。因此，当凸显意象图式中空间 B 内发生的变化时，在运用隐喻机制的作用下"插"的语义也随之发生了变化，可将其描述为"加入"，其表现如图 7-6 所示。

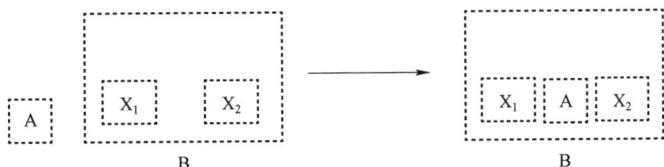

图 7-6　"插"表示抽象动作的意象图式

根据客体的抽象程度，我们将其区分为四类，具体如下。a）在文档、网页中间加入：～画|～叙|～文本框。b）在机关单位、班级或队列中间加入，成为其中的一员：安～|～队|～班。c）在别人的谈话中或音乐中间加入：插～|～嘴|～曲。d）在某事件既定或有序进行的过程中间加入：～手|～播|～科打诨。

子义项 a）在文档、网页中间加入：～画|～叙|～文本框。

该义项在"插"平衡语料库中共有 1 051 条，占 10.62%。例句如下。

①她勉强来得及在她的关于放射性的论文的新版里插进一小段关于人工放射性的内容。（当代/CWAC）

②EViews 可以将图形插入到 Word 文档中。（当代/CWAC）

③中间插入的作为对话与解释词之用的字幕。（当代/翻译作品/应用文）

上述例句中，"插"的客体论元分别为"一段内容""图形"和"字幕"，它们在形式角色方面不具备［＋有形物］和［＋长形］或［＋片状］或［＋尖］的语义特征，"内容""字幕"主要以文字形式呈现出来，可以从字数的多少、段落的长短等方面进行度量；"图形"以线条、色彩等呈现后出来，可从大小方面进行度量。因此，此类客体所表现出的共同的形式角色特征为［＋可视］和［可度量］的特征，单位为"段""张""条""句"等。在"插"平衡语料库该义项的 1 051 条语料中，出现频次最高的客体论元为图片类事物，共 817 条；其次为文字类事物共 188 条。例句中所涉及的空间分别为"论文中""文档中"和"画面中"，其与具体的物理空间一样，同样具有［＋容纳］的语义特征。该义项中出现频次最高的空间为文档类空间，共 932 条；其次为网页类空间，共 53 条。因此，当客体为在形式角色方面具有［＋可视］［＋可度量］特征的图片或文字类时，建议提示其典型空间"文档""网页"，将此类语料中"插"的释义描写为："a）在文档、网页等中加入：～画｜～叙｜～文本框"

子义项 b）在机关单位、班级或队列中间加入，成为其中的一员：安～｜～队｜～班。

该义项在"插"平衡语料库中共有 668 条，占 6.75%。例句如下。

①当您排队买电影票时，一位后来者试图插到您前面。（当代/报刊/读者）

②来到延安后，远征就到抗敌小学插班上三年级。（当代/报刊/人民日报）

③此外，政府还将在人群中安插约 100 名便衣警察。（当代/报刊/新华社）

上述例句中，"插"的客体为"人体"或"由人构成的集体"。但例句中并非凸显"人体"［＋细长］的语义特征，而凸显的是"人体"或"由人构成的集体"的功用角色特征，即"成为某一集体中的一员或一部分"，如例①中，"后来者的身体"的主要功用是"占据位置，使其成为队伍中的一员"；例②中"远征"的主要功用是"作为学生，成为班级里的一员"；例③中"100 名便衣警察"主要功用是"成为人群中的一部分，并执行防卫等职责"。李宇明认为"人们在社会关系及一些社会现象的认知和表达上，也经常采用空间隐喻。"该类义项中客体的功用角色特征凸显，其所涉及的空间也主要为社会空间。社会空间是指非空间领域的集体，如工作的机关单位、班级、队列等。例①至例③中，所涉及的空间分别为"队列中""人群中"和"班级中"，同样具有［＋容纳］的语义特征。该义项中出现频次最高的空间为"生产队"，共 377 条；其次为"机关单位"，共 167 条，再次为"班级"，共 52 条。因"生产队"为二十世纪六七十年代的历史产物，时代性较弱，现"插队"一词中"队"常指"队列"。因此，当"插"的客体为人体或由人构成的集体，并凸显其功用角色特征"成为某一集体中的一员或一部分"时，提示其典型空间"机关单位""班级"和"队列"，将该类语料中的"插"释义为"b）在机关单位、班级或队列中间加入：安～｜～队｜～班。"

子义项 c) 在别人的谈话中或音乐中间加入：插～|～嘴|～曲。

该义项在"插"平衡语料库中共有 1 748 条，占 17.67%。例句如下。

① "三爸来了，"觉慧忽然低声插嘴道。（当代/文学）

②机关人员认真倾听，不时有人插话一两句。（当代/报刊/人民日报）

③颇象现代音乐中故意插入的不和谐音。（当代/报刊/读书）

上述例句中，"插"的客体论元分别为"嘴""音"和"话"，其中"嘴"在其功用角色"说话"的作用下生成了"话语"。"话语"和"音"均具有声音的物理特征，即其形式角色均具有［＋音高］［＋音长］［＋音量］等特征，能够在在听觉系统中所占据的一定的范围。其所涉及的空间分别为"听到的话语"和"听到的音乐"，其与物理空间一样，同样具有［＋容纳］的语义特征。该义项中出现频次最高的空间为"别人谈话中"，共 1 508 条；其次为"影视音乐"，共 217 条。因此，当"插"的客体具有［＋音高］［＋音长］［＋音量］等形式角色特征时，提示其典型空间"别人谈话中"和"影视音乐中"，将该义项中的"插"释义为"c) 在别人的谈话中或音乐中加入：插～|～嘴|～曲。"

子义项 d) 在某事件既定或有序进行的过程中间加入：～手|～播|～科打诨。

该义项在"插"平衡语料库中共有 1 319 条，占%13.33%。例句如下。

①在打擂颁奖的过程中，穿插体现武术传统文化的精彩节目，有武舞、武戏、武术小品、武术书画、武技表演等。（当代/报刊/人民日报）

②因为这些国家的政府最初非常不相信市场自身的力量，广泛插手资源配置过程。（当代/报刊/1994 年报刊精选）

③别人开药学研讨会，销售人员也要挤进去插个会中会。（当代/报刊/1994 年报刊精选）

在已知的世界语言中，时间的表达大都借助空间的语言表达形式这一普遍现象说明了一个重要的认知普遍现象，即"时间是空间的隐喻。"上述例句中，"节目""会（议）"在形式角色方面不具备［＋有形物］和［＋长

形〕或〔＋片状〕或〔＋尖〕的语义特征，但具备了〔＋时长〕方面特征，而"手"的功用角色是"开展管理或其他工作"，"管理"或"工作"也具备"时长"方面的特征。所涉及的时间隐喻的空间分别为"在打播颁奖的过程""资源配置管理过程"和"药学研讨会开会过程"。该义项中频次最高的空间为"某事件运行与管理过程中"，共 667 条；其次为"节目过程中"，共 112 条。但值得注意的是，该义项所涉及的空间内的 X 之间的关系为"有序的"或"既定的"，而上述客体的插入改变了原有既定的顺序排列或有序合理的状态，如上述 3 个例句中，"插"入内容的出现对观赏者的心情、资源配置的结果、会议的安排都带来了负面影响或干扰。建议在描述该类空间时，凸显其空间内部的"既定的"或"有序的"语义特征。因此，当"插"的客体凸显〔＋时长〕形式角色特征时，将该义项中的"插"释义为"d）在某事件既定或有序进行的过程中间加入：～手 | ～播 | ～科打诨"。

综上所述，当"插"的客体在形式角色方面不具备〔＋有形物〕和〔＋长形〕或〔＋片状〕或〔＋尖〕的语义特征时，根据其在形式角色特征方面的抽象程度进行分类，同时提示其典型的空间 B 的类型和其中的变化，将该义项描写为义项二：加入。a）在文档、网页中间加入：～画 | ～叙 | ～文本框。b）在机关单位、班级或队列中间加入，成为其中的一员：安～ | ～队 | ～班。c）在别人的谈话中或音乐中间加入：插～ | ～嘴 | ～曲。d）在某事件既定或有序进行的过程中间加入：～手 | ～播 | ～科打诨。

（三）义项三：（农业）栽种植物的种子、幼苗、根、茎等，使其生长或繁殖

该义项在"插"平衡语料库中共有 398 条，占 4.02%。例句如下。

①将秧盘中的棵棵小苗用手一棵一棵地栽插。（当代/报刊/人民日报）

②香子兰是藤本植物，插枝培植。（当代/报刊/新华社）

③秋末择菊根部健壮的嫩芽，插入小花盆中。（当代/报刊/人民日报）

上述例句中，"插"的客体论元分别为"秧苗""枝""芽"，其形式角色特征不全相同，但其功用角色均包含"繁殖或生长成为完整或成熟的植株"这一特点。在该义项中，"插"的目的论元得到了凸显，即"插"是为了得到完整或成熟的植株。在"插"平衡语料库中，该义项中出现频次最高的客体论元为"秧苗"，共279条；其次为"树枝"，共24条。因此，当客体论元为具［＋繁殖］［＋生长］功用角色的植物时，建议凸显"插"的目的论元，将该类语料中"插"义项描写为"动（农业）栽种植物的种子、幼苗、根、茎等，使其生长或繁殖：～秧｜～苗｜～条。"

（四）义项四：（体育、军事）快速移动到其他位置或区域

该义项在"插"平衡语料库中共有338条，占3.42%。例句如下。

①当时申花队小将李大维左路突破传中，马丁内斯飞速插上。（当代/报刊/新华社）

②该队外籍后卫球员索萨猛然前插，接得传球。（当代/报刊/新华社）

③法国第1集团军群连同英国远征军便火速插入比境御敌。（当代/文学）

④王树声一下子插进豫西，牢牢控制了伏牛山、嵩山各个要道。（当代/网络语料）

上述例句中，"插"的主体论元分别为"马丁内斯""索萨""一支队伍"和"法国第1集团军群连同英国远征军"和"王树声"，主要以人或由人构成的集体充当。其空间论元分别为"足球场"和"战场"。根据语料统计，空间频次最高的为"足球场"，共215条；其次为"战场"，共97条。在例句中，"插"的方式论元在例句中被强调和凸显出来，如"飞速""猛然""火速""一下子"，均含有"快速"的语义。因此，当"插"的主体论元为"运动员"或"军队"类主体时，建议凸显"插"的方式论元，将该类语料中"插"的义项描写为"动（体育、军事）快速移动到其他位置或区域：前～射门｜直～腹地。"

（五）义项五：某些特定的长形物（如山、石、楼、路）以直立或延伸的形式存在于某空间内

该义项在"插"平衡语料库中共有 164 条，占 1.66%。例句如下。

①山峰<u>插</u>进了云端，林梢穿破了天。（当代/文学）

②洞内水柱形的大钟乳石，从洞顶直<u>插</u>洞底。（当代/史传）

③代之而起的高楼有 30 多层，直<u>插</u>云天。（当代/报刊/人民日报）

④渝怀铁路直<u>插</u>焦柳、湘黔、川黔和襄渝四条铁路干线之间的"口"字形地区。（当代/报刊/人民日报）

上述例子中，主体论元分别为"山峰""钟乳石""高楼"和"铁路"，共同特点为在形式角色上均具有［＋长形］［＋尖］的语义特征。当与"插"组合时，该类主体没有发出"插"的动作，也没有造成其他物体发生位置改变，但其在某空间内的以直立或延伸形式存在的情况与义项一中的有形物受"插"动作影响后所出出现的结果类似，即以直立或延伸的状态存在于某个空间内。因此，当"插"的主体论元为有形物类主体时，建议凸显此类有形物的形式角色特征，将该类语料中"插"的义项描写为义项五：某些特定的长形物（如山、石、楼、路）以直立或延伸的形式存在于某空间内：双峰～云 | 直～云天。

五、小结

综上，我们对动词"插"在现代汉语中的义项分布情况进行了重新描写。

与《当汉学》中的义项划分和描写相比较，做出如下变化。

（1）增设三个新义项，分别为义项三、义项四和义项五。义项三：（农业）栽种植物的种子、幼苗、根、茎等，使其生长或繁殖，共有 398 条，其中所涉及的空客体对象和目的论元需要得到凸显。义项四：（体育、军事）快速移动到其他位置或区域，共有 338 条，其所涉及的主题为"体育"和战争，因此单列义项。义项五："某些特定的长形物（如山、石、楼、路）以

直立或延伸的形式存在于某空间内"，共有 164 条，其中所涉及的主体为非人类主体，因此单列义项。

（2）细化义项二，根据义项二中所涉及空间的形式角色，将其分为 4 个子义项，描写为"a）在文档、网页中间加入：～画｜～叙｜～文本框。b）在机关单位、班级或队列中间加入，成为其中的一员：安～｜～队｜～班。c）在别人的谈话中或音乐中间加入：插～｜～嘴｜～曲。d）在某事件既定或有序进行的过程中间加入：～手｜～播｜～科打诨。"

为了便于汉语二语学习者更加直观的掌握动词"插"的各义项，我们根据各义项中的其所涉及的典型的主体、客体、处所、目的和方式，制作了动词"插"各义项与典型论元的搭配表。如表 7-7 所示。

表 7-7 动词"插"各义项与典型论元的搭配表

义项	典型主体	典型客体	典型处所	典型目的	典型方式
把细长或片状物体刺进别的物体中	人	细长或片状物体	别的物体中	—	—
加入	人或由人构成的集体	图片、文字等	文档、网页中间	—	—
		人	机关单位、班级或队列中间	成为其中的一员	—
		话语、音乐	别人的谈话中或音乐中间	—	—
		活动、事情、行为	某事件既定或有序进行的过程中间	—	—
（农业）栽种植物的种子、幼苗、根、茎等，使其生长或繁殖	人或由人构成的集体	农作物	田地里	使其生长或繁殖	—
（体育、军事）快速移动到其他位置或区域	人或由人构成的集体	人或由人构成的集体	（球场、战场）的特定区域	—	快速地
某些特定的长形物（如山、石、楼、路等）以直立或延伸的形式存在于某空间内	山、石、楼、路等物体	—	天地间	—	直立地

第八章　结　论

于屏方认为"动词义位是语言共同体对一个完整动作事件进行强压缩后形成的抽象语义复合体不同概念范畴在该复合体中被内化、隐藏。动词义位在词典中的释义是一种特殊的解压缩过程。"前述研究的 9 个放置义动词，在历时发展的过程中，产生了不同的义位，如"放"共产生了 25 个义位。在个案研究中，我们着重对上述动词的不同义位进行了分析和描写，并尝试探讨了不同义位之间关联，便于汉语二语学习者全面地掌握。除了让汉语二语学习者掌握单个动词不同义项间的关联，同时还需要使汉语二语学习者能够有效地区分相同义位之间的相同与区别之处。但在《当汉学》中上述 9 个动词的放置义位释义分别如下。

放：使处在一定的位置。a）用于物品；b）用于人；c）用于文字、资料、数据等；d）用于抽象事物。

摆：把东西放在一定位置上；排列。

堆：用手或工具把东西聚在一起。

盖：把东西放置在人或物体上面，使部分或全部不露出来。

铺：把东西展开或摊平。

填：把凹进去的地方垫平，把有空的地方塞满。

埋：用土、沙、雪、树叶等盖住，使不露出来。

塞：用力把东西放进有空隙的地方，使勉强放下。

插：把长形、片状的东西放进、挤进或扎进别的东西里面。

章宜华指出"非范畴化词典释义的症结就是，未系统考虑范畴图式-示例的关系及其共性和差异，对语言学习者用户帮助有限。"上述释义中，使用的释义义核分别有"使处在""放""聚""放置""垫""展""摊"和"盖"，其中释义义核为"放"或"放置"的共4个，分别是动词"摆""塞""插"和"盖"。除了动词"放"，其余4个动词的释义义核均未使用"放"或"放置"，即在释义义核选择时，并未完全遵循范畴化，统一使用"放"或"放置"。因此，基于范畴化的要求，释义义核应该需统一为"放"。

统一释义义核，只强调了上述动词放置义位的共性，但并未体现出差异。于屏方指出"释义精度的提高必须在最小的意义典型群中实现"，并"通过凸显某（些）抽象意义参数及其语义赋值，体现出意义的联系和对立"。即为放置义动词的释义模式提供参考，应将其在最小的意义典型群中——放置义位展开研究与探讨，通过凸显不同的意义参数和语义赋值，体现出放置义动词在放置义位之间的联系和对立，进行辨析，为汉语二语学习者提供参考。

众多学者对放置义位的语义角色进行了研究，丁家勇、张慧的研究指出："放"的语义角色分为8大类，按照在语料中出现数量从多到少排序为：受事、处所、施事、范围、与事、方式、工具、结果。于屏方从认知框架角度分析指出：在"置放"类动词的认知框架中，其框架元素包括：a）事件的参与者——主体（人）、受事客体（物体）；b）事件的情境——地点；c）事件过程——主体有意识地使受事客体位移到某地。因此其宏观语义框架中，会出现"主体""客体"、义核"置放"和"位置"四个框架要素，这些框架元素通常会在释义中得到反映。程倩雯、程琪龙提出"放置事件的核心内容主要是放置过程"，并运用解析方法，如图8-1所示。

掌控　　　　物移位　　　　释控　　　　物变位　　　　物落位

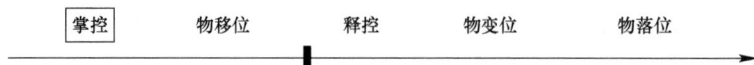

图 8-1　放置过程

　　这五个阶段都涉及各自的动作或形状。其中"释控"动作及其后面两个放置物体的位变阶段，是整个放置过程的核心。放置核心的概念内容分出动作和位移，动作由动作者发出，位移表现为动作对象的方位。两者表述为放置动作概念结构和方位概念结构。放置动作概念结构具有致使者功能，方位概念结构具有致使结果功能。两者按照致使关系组合构成放置－认知事件框架的核心内容，如图 8-2 所示。

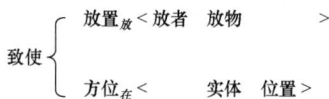

致使 { 放置$_放$ < 放者　放物　　　　　>

　　　 方位$_在$ < 　　　实体　位置 >

图 8-2　放置－认知事件框架

　　根据上述学者对放置义位中语义角色、框架元素、认知事件框架的分析，可知在放置义位中"受事""处所""施事"是最重要的语义角色，这三类语义角色是"放置"这一动作实现的必要元素，体现出放置义动词在放置义位之间的联系。因此，在词典释义中，放置义位的描写通常需要凸显出其中的"受事"和"处所"对象，以及特殊的"施事"对象。"受事"和"处所"对象的凸显，体现出不同的放置义动词在放置义位之间的对立。例如，从"受事"对象的特征来看，"放"的客体对象并不具备明显的特征，而"填"的客体对象通常是泥土、羽毛、气体、情绪、文字类物体，"塞"的客体对象常为塞子、布等具有［＋可嵌合］语义特征的客体，"铺"的客体对象在形式上必须具有［＋延展］的语义特征，"插"的客体对象在形式角色方面必须具有［＋条形］或［＋片状］的语义特征等。从"处所"对象来看，"放"所涉及的处所对象可以是物体的上面、里面、下面等不同的位置，而"摆"所涉及的常被易注意到的地方，"堆"所涉及的

处所对象常是物体的表面，"盖"和"铺"所涉及的处所对象只能是物体的上面或表面，"填"所涉及的处所对象主要是物体的里面或中间，"埋"所涉及的对象通常是物体的下面，"塞""插"所涉及的处所只能是物体的里面。

从上面可以看出，相较于典型代表"放"，其他 8 个动词在放置义位中均有不同语义的凸显。"放置"义位所涉及的其余语义角色还有"方式""工具""结果""目的"等，这些元素的凸显，则进一步加深了放置义位之间的对立。例如："盖"和"铺"，从"受事"和"处所"对象方面看区别特征并不特别明显，但从所涉及的"方式"对象来看，"盖"主要是"从上往下"，"铺"则侧重于"平展"；而"堆"的结果"成堆在一起"则与其他词语具有明显的差别；而"塞"这一动作则具有明确的目的"使不通"等。

为更加直观地显示，上述 9 个动词在放置义位中凸显的角色，根据其释义，制作语义角色凸显对比表，如表 8-1 所示。

表 8-1　放置义位语义角色凸显对比表

词目词	受事	处所	方式	工具	结果	目的
放						
摆		√				
堆		√		√	√	
盖	√	√	√	√		√
铺	√	√	√		√	
填	√	√				
埋	√	√	√			√
塞	√	√	√		√	√
插	√	√	√			

具体如图 8-3 所示。

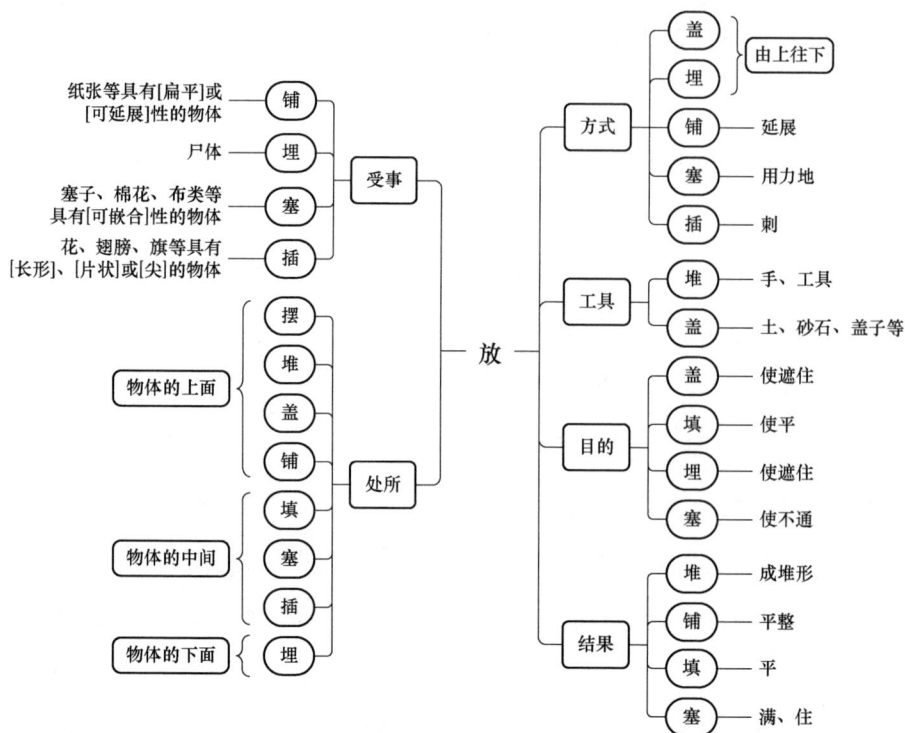

图 8-3　放置义位语义角色凸显图

根据凸显语义角色的不同，在汉语教学中，教师在进行上述词语"放置"义位的辨析时，可以采取范畴化＋语义凸显的模型"用＋工具＋把＋[语义特征]的受事＋方式＋放＋介词＋处所，使＋目的/结果"的方式，将上述 9 个动词的放置义位描写如下。

放：使处在一定的位置。a）用于物品：～置｜摆～｜乱～｜～满｜把书放在桌子上｜桌子上放着一本书｜书被他～在桌子上。b）用于人：把他～在某个岗位上：～哨｜｜公司把他～到销售部。c）用于文字、资料、数据等：广告投～｜把这段话～到开头儿｜把图片～进文本框内｜报告中～的数据太少了。d）用于抽象事物：把经济建设～在首位｜把精力～到学习上｜这件事他一直没～在心上。

摆：安放。a）把东西放在特定的地方：～放｜～摊｜～碗筷｜～货｜～盘｜一字～开｜～得整整齐齐｜草坪上～着一张躺椅｜姐姐把蜡烛～成心形｜病人

的床头～满了各种礼物|饭菜已经～上了桌|沙发靠墙～好|桌上～的是全家福。b）把事情放在特殊的位置：把健康～在首位|把教育～在优先发展的战略地位|新的改革任务被～上了议事日程。

堆：用手或工具把东西成堆的放在一起。～雪人|～沙堡|乱～乱放|～山造景|孩子正在专心地～积木|把脏衣服～在一起|木头被推土机～成一堆一堆的。

盖：东西从上往下地放在其他物体上，使部分或全部不漏出来。铺天～地|～被子|～紧|～上锅盖|～得严严实实|用薄膜把苗～起来|瓶盖没有～好，水都洒了出来。|地上～着一层厚厚的雪。

铺：东西展开或摊平放在其他物品上。～床单|～地毯|～路石|雪～了厚厚的一层|他把纸～开|桌上～着一块白色的桌布|妈妈把肉切成薄片，平～到盘子里|这条小路是由五颜六色的小石子铺成的|月光～满了河面。

填：在地面凹陷或低洼处放入土或垃圾等，使其平整。回～|～土|精卫～海|垃圾～埋|把路～平。

埋：①将死者的尸骨放到土里，使其被盖住。～葬|掩～尸体|青山处处～忠骨|这里～着我的祖先|我死后，请把我～在那座山上。②（人或自然力）使土、沙、雪、废墟等放到其他物体上，使其被盖住。～地雷|～线|海盗们在岛上～了很多宝藏|把这个箱子埋到草丛里|沙漠把良田～了|大雪把路～了|地震后，很多人被～在了废墟里。

塞：①把（塞子、布等）特定物体放到孔、洞等开口处，使堵住使不通。～窟窿|～漏洞|用棉花～住耳朵|把抹布～在他嘴里。②（用力）将物品放入其他物品中。填～|箱子里还可～进几件衣服|把钱～进她手里。

插：把细长或片状物体放入、刺进别的物体中。把花～在瓶子里|～翅难飞|把插销～上。

本研究在外向型汉英学习词典视角下，结合已有的汉语学习词典的释义，利用语料库方法对 9 个现代汉语单音节放置类肢体动词代表动词的义项分布情况进行详细描写，同时运用论元结构、物性结构理论解释义项，注重凸显放置义位的共性和区别性特征描写，采取范畴化＋语义凸显的模型"用＋工具＋把＋［语义特征］的受事＋方式＋放＋介词＋处所，使＋目的/结果"的方式进行系统性释义，以期为汉语学习词典放置类肢体动作动词释义编撰或修订提供参考。

参考文献

［1］Levin B. English verbclasses and their inflections[M]. Chicago: University of Chicago Press,1995.

［2］英国柯林斯出版公司. 柯林斯 COBUILD 高阶英语学习词典［M］. 9 版. 北京：外语教学与研究出版社，2018.

［3］Johnson M. The Body in the Mind: Bodily Basis of Meaning, Imagination, and Understanding[M]. Chicago: University of Chicago Press, 1987.

［4］（英）A.S.霍恩比. 牛津高阶英语词典［M］. 10 版. 北京：商务印书馆，2021.

［5］英国培生教育有限公司. 朗文当代高级英语辞典［M］. 北京：外语教学与研究出版社，2018.

［6］Pustejovsky J. The Generative Lexicon[M]. Cambridge: The MIT Press，1995.

［7］北京语言学院语言教学研究所. 现代汉语频率词典［M］. 北京：北京语言学院出版社，1986.

［8］北京语言大学汉语水平考试中心. HSK 中国汉语水平考试词汇大纲汉语 8000 词词典［M］. 北京：北京语言文化大学出版社，2000.

［9］陈昌来. 现代汉语语义平面问题研究［M］. 上海：学林出版社，2003.

［10］陈昌来. 应用语言学导论［M］. 北京：商务印书馆，2012.

［11］段玉裁. 说文解字注［M］. 北京：中华书局，2013.

［12］R.R.K 哈特曼，格雷戈里·詹姆斯. 词典学词典［M］. 北京：外语教学与研究出版社，2000.

［13］刘颖. 计算语言学［M］. 北京：清华大学出版社，2014.

［14］鲁健骥，吕文华. 商务馆学汉语词典［M］. 北京：商务印书馆，2006.

［15］吕叔湘. 现代汉语八百词［M］. 北京：商务印书馆，1999.

［16］孙全洲. 现代汉语学习词典［M］. 上海：上海外语教育出版社，1995.

［17］王永庆. 计算机技术、语料库与语言测试［M］. 北京：科学出版社，2014.

［18］许慎. 说文解字：现代版［M］. 北京：社会科学文献出版社，2005.

［19］于屏方，杜家利，张科蕾，等. 外向型学习词典研究［M］. 北京：商务印书馆，2016.

［20］于屏方. 动作义位释义的框架模式研究［M］. 北京：中国社会科学出版社，2007.

［21］袁毓林. 汉语配价语法研究.［M］. 北京：商务印书馆，2010.

［22］章宜华. 基于用户认知视角的对外汉语词典释义研究［M］. 北京：商务印书馆，2011.

［23］张志毅，当代汉语学习词典［M］. 北京：商务印书馆，2020.

［24］张志毅，张庆云. 词汇语义学［M］. 3 版. 北京：商务印书馆，2012.

［25］中国社会科学院语言研究所词典编辑室. 现代汉语词典［M］. 7 版. 北京：商务印书馆，2016.

［26］蔡永强. 辞书强国语境下的对外汉语学习词典学［J］. 宁夏大学学报（人文社会科学版），2017，39（3）：18-23.

［27］曹瑛珠. 汉韩语动词"放"和"（？）"的语义对比研究［D］. 延吉：延边大学，2017.

［28］常乐. 现代汉语手部动词"放"的句法语义研究［J］. 晋中学院学报，2014，31（2）：97-101.

[29] 程琪龙，梅文胜. 使移事件及其小句［J］. 外语学刊，2008（3）：82-88.

[30] 程琪龙，乔玉巧. 放置事件及其变式［J］. 浙江大学学报（人文社会科学版），2010，40（4）：167-178.

[31] 程倩雯，程琪龙. 认知事件框架和凸显构型的整合［J］. 外国语（上海外国语大学学报），2023，46（2）：2-12.

[32] 丁加勇，张慧. 基于语料库统计的放置义动词语义角色的配位方式——以动词"放"为例［J］. 海外华文教育，2016（3）：303-314.

[33] 冯志伟. 基于经验主义的语料库研究［J］. 术语标准化与信息技术，2007（1）：29-36，39.

[34] 符淮青. 略论词典释义中的继承和抄袭［J］. 辞书研究，1995（3）：28-38.

[35] 高明乐. 论元与题元角色及其理论地位［J］. 外国语言文学，2018，35（1）：23-39.

[36] 焦子桓，艾红娟. 汉英内外型词典义项精细度对比研究［J］. 九江学院学报（社会科学版），2020，39（4）：105-108.

[37] 解海江，郑晓云. 外向型汉语学习词典收词立目状况研究［J］. 鲁东大学学报（哲学社会科学版），2011，28（6）：58-65.

[38] 康婧.《商务馆学汉语词典》和《现汉》（第5版）借代义对比与研究［D］. 石家庄：河北师范大学，2012.

[39] 李杰. 试析"挂"类动词静态化的条件［J］. 语言研究，2003（3）：33-36.

[40] 李强，袁毓林. 生成词库理论和名词语义的结构描述与概念解释［J］. 语言学论丛，2019（1）：263-295.

[41] 李仕春. 框架语义学视阈下的词义衍生研究——以多义词"看"为例［J］. 东北师大学报（哲学社会科学版），2020（1）：20-25.

[42] 李仕春. 中国语文辞书的分期问题［J］. 湖北大学学报（哲学社会科学版），2017，44（1）：109-115.

［43］梁锦祥. 说 put 道"放"——汉英动词词汇化对比一例［J］. 华南师范大学学报（社会科学版），2006（2）：79-86，159.

［44］鲁川，林杏光. 现代汉语语法的格关系［J］. 汉语学习，1989（5）：11-15.

［45］施春宏. 影子论元的句法效应及其认知解释［J］. 汉语学习，2018，223（1）：3-17.

［46］谭景春. 动词的目的义及其在词典释义中的处理［J］. 当代语言学，2018：439-462.

［47］王冬梅. 名词动化的类型及特点［J］. 语言科学，2010（6）：583-598.

［48］王恩旭，郭智辉. 辞书释义方法的演变研究［J］. 鲁东大学学报（哲学社会科学版），2020，37（6）：1-10.

［49］韦氏华. 动词"放"的词义考察：兼与越南语动词"DAT"对比［J］. 国际汉语学报，2017，8（1）：72-82.

［50］魏雪，袁毓林. 基于规则的汉语名名组合的自动释义研究［J］. 中文信息学报，2014，28（3）：1-10.

［51］文马虹，李仕春. 现代汉语"吃"字义项分布情况及其解释［J］. 牡丹江师范学院学报（哲社版），2018（3）：117-121.

［52］谢智香，"放置"义动词的历时演变与共时分布［J］. 河南科技大学学报（社会科学版），2012，30（6）：70-74.

［53］徐峰. 现代汉语置放类动词及其语义次范畴［J］. 汉语学习，1998a（2）：19-23.

［54］徐峰. 现代汉语置放动词配价研究［J］. 语言教学与研究，1998b（3）：86-101.

［55］杨金华. 论外向型汉语学习词典编纂的四项基本原则［J］. 辞书研究，2016（1）：45-51，93-94.

［56］于屏方. 动词义位中内化的概念角色在词典释义中的体现［J］. 辞书研究，2005（3）：36-44.

[57] 张宝胜. 《现代汉语置放动词配价研究》补议 [J]. 语言教学与研究, 2003（5）：25-30.

[58] 张德鑫. 对外汉语教学五十年——世纪之交的回眸与思考 [J]. 语言文字应用, 2000（1）：49-59.

[59] 张秀松, 张爱玲. 生成词库论简介 [J]. 当代语言学, 2009（3）：267-271.

[60] 张延成, 孙婉. 中古汉语动词"放"构式及事件研究 [J]. 长江学术, 2023（1）：109-120.

[61] 章宜华. 汉语学习词典与普通汉语词典的对比研究 [J]. 学术研究, 2010（9）：151-160.

[62] 章宜华. 语料库数据化发展趋势及词典学意义——兼谈美国当代英语语料库的数据化特征 [J]. 辞书研究, 2015, 209（5）：1-8, 93.

[63] 章宜华. 基于范畴图式–示例关系的释同与解异探析——英语学习词典范畴化释义研究 [J]. 外语教学与研究, 2017, 49（2）：240-253, 320-321.

[64] 章宜华. 认知词典学理论背景与研究框架——兼谈奥斯特曼的《认知词典学》[J]. 辞书研究, 2018, 228（6）：1-9, 93.

[65] 张志毅. 辞书强国——辞书人任重道远的追求 [J]. 辞书研究, 2012（1）：1-9, 93.

[66] 赵博文, 施春宏. 近年来现代汉语语法研究的若干取向 [J]. 华文教学与研究, 2022, 87（3）：9-21.

[67] 高丽. 汉语放置动词的句法语义研究 [D]. 长春：吉林大学, 2013.

[68] 韩金池. 动词"放"的认知语言学研究 [D]. 大连：辽宁师范大学, 2019.

[69] 李芳棋. 基于生成词库论的现代汉语动物词义项分布研究 [D]. 重庆：西南大学, 2022.

[70] 李燕. 汉韩放置类动词配价对比研究 [D]. 延吉：延边大学, 2009.

［71］梁浩. 唐代几组常用动词研究［D］. 长春：吉林大学，2014.

［72］麻广一. 汉语"摇"类词"掉、摇、摆"的历时研究［D］. 桂林：广西师范大学，2021.

［73］申修瑛. 现代汉语词语搭配研究［D］. 上海：复旦大学，2007.

［74］王文香. 漢語"放置"概念域成員歷時演變與共時分佈研究［D］. 杭州：浙江大学，2014.

［75］张慧. 动词"放"的语义角色分析［D］. 长沙：湖南师范大学，2011.

［76］崔希亮、张宝林. 全球汉语中介语语料库［EB/OL］.［2024-11-15］. http://qqk.blcu.edu.cn.

［77］詹卫东、郭锐、谌贻荣. 北京大学中国语言学研究中心 CCL 语料库（规模：7 亿字；时间：公元前 11 世纪-当代)［EB/OL］.［2024-11-15］. http://ccl.pku.edu.cn：8080/ccl_corpus.

［78］中国教育部. 国际中文教育中文水平等级标准［EB/OL］.［2021-03-31］［2024-11-15］. http://www.moe.gov.cn/jyb_xwfb/gzdt_gzdt/s5987/202103/t20210329_523304.html.